子どもの育ちを助ける

モンテッソーリの幼児教育思想

片山忠次 著

法律文化社

まえがき

幼い子どもは美しいと思います。輝いていると思います。幼な子の澄んだ目、汚れを知らぬ顔を見るとき、どの子もどの子もまぶしい存在で尊いのだと思い知らされるのです。そして、どの子も幸せに育ってほしいと念ずるのです。

こんな思いにかられながら、私は細細とマリア・モンテッソーリの幼児教育思想に触れてきました。

モンテッソーリの幼児教育思想には、環境による教育、自由の尊重、自己活動の重視、個の確立の教育などがみられます。しかし、そのいずれもが、幼い子どもが自立的人間に成長し、平和で幸せな未来社会に生きてほしいという彼女の願いの表明なのです。

この願いをかなえるためには、幼い子どもが自立的人間に育つように助けることが何よりも大切です。これがモンテッソーリ幼児教育思想の中心点である、と私は捉えています。そこで、モンテッソーリから学びつつ、幼い子どもの育ちを助ける教育を考えてきました。

本書の内容は、学会や大学の研究紀要に掲載された論文や京都モンテッソーリ教師養成コースの編纂に成る『自由を子どもに』誌に掲載されたものなどを整理してまとめたものです。また、文章もできるだけやわらかい表現にかえてみました。とはいえ、全体として表現に統一が欠けていたり、繰り返しが多くなっています。原著論文の内容を大きく変えないことも大切だと考えて、このような形になりました。

本書の内容の質的な面では、意に満たないところが多く、今後も幼児教育のために、さらに研究を深めていきたいと思います。

最後になりましたが、モンテッソーリ教育研究に絶えざるご示唆をいただき、そのうえ『自由を子どもに』誌に掲載された内容の転載を快諾してくださった友好学園長の赤羽恵子先生に厚くお礼を申し上げます。

また、出版を引き受けてくださった法律文化社と出版のために細かい配慮をしていただいた同社編集部の田靡純子さんに感謝いたします。

平成十二年十月

著　者

目次

第1章 新しい幼児教育の方向とモンテッソーリ教育

一 幼児期教育の重要性

牧師にして、教師の体験をもつロバート・フルガムが『人生に必要な知恵はすべて幼稚園の砂場で学んだ』という本を著しています。この本は、フルガムが自分の生活信条を書き留めたものを一冊にまとめたものですが、彼はこの中で、人間はどう生き、どのように振る舞い、どんな気持ちで日々を送ればいいかと問い、本当に知っていなくてはならないことを、自分は全部幼稚園で教わった、と言っているのです。すなわち、人生の知恵は大学院という山のてっぺんにあるのではなく、日曜学校の砂場に埋まっていたのであると言い、そこで学んだことを書いているわけです。それを次に紹介したいと思います。

フルガムが砂場で学んだことは、

何でもみんなと分け合うこと。

ずるをしないこと。

人をぶたないこと。

使ったものはかならずもとのところに戻すこと。

ちらかしたら自分で後片づけをすること。

人のものに手を出さないこと。

誰かを傷つけたら、ごめんなさい、と言うこと。

食事の前に手を洗うこと。

トイレに行ったらちゃんと水を流すこと。

焼きたてのクッキーと冷たいミルクは体にいい。

釣り合いのとれた生活をすること——毎日、少し勉強し、少し考え、少し絵を描き、歌い、踊り、遊び、そして、少し働くこと。

毎日かならず昼寝をすること。

おもてに出るときは車に気をつけ、手をつないで、はなればなれにならないようにすること。

不思議だな、と思う気持ちを大切にすること。発泡スチロールのカップにまいた小さな種のことを忘れないように。種から芽が出て、根が伸びて、草花が育つ。どうしてそんなことが起きるのか、本当のところは誰も知らない。でも、人間だっておんなじだ。金魚も、ハムスターも、二十日鼠も、発泡スチロールのカップにまいた小さな種さえも、いつかは死ぬ。人間も死から逃れることはできない。

ディックとジェーンを主人公にした子供の本で最初に覚えた言葉を思い出そう。何よりも大切な意味をもつ言葉。それは、「見てごらん」だ。

というわけです。

そして、幼稚園の砂場で学んだこうした事柄のなかに、実は人間として知っていなければならないすべてが、なんらかの形で触れてある。ここには、人にして欲しいことは自分もまた人に対してそのようにしなさいというマタイの聖書に出てくる教え、いわゆる「黄金律」の精神や愛する心や衛生の基本が述べられており、エコロジー、政治、それに平等な社会や健全な生活についての考察もある、とフルガムは言います。このフルガムの言表は、幼稚園の砂場で学んだことが後の人生に残した教訓の大きさを述べたものなのです。

してみると、幼児期の体験、さらに言えば、幼児期の教育がいかに大切なものかということを、改めてフルガムが私たちに教えてくれていると思うのです。

さて、この近年、日本の幼児教育は一つの節目を迎えています。それは、一九八九（平成元）年に幼稚園教育要領（以下、教育要領と略称）が改訂され、さらに一九九八（平成一〇）年に再び教育要領が改訂されて、現在この新しい教育要領に従って教育実践がなされているということです。同様に、保育所保育指針（以下、保育指針と略称）も改訂（一九九九年）されて、保育所においても新しい歩みを始めています。

そこで現下の問題として、私たちは新しい教育要領や保育指針をどう受けとめるべきか、また、それがモンテッソーリ教育とどうつながるのか、ということを考えたいと思います。

二　環境による保育

まず、私たちが考えなければならないのは教育要領と保育指針にみられる保育の方向性です。それは、「環境を通しての保育」ということです。

▼新教育要領と新保育指針にみられる環境による保育

① 幼児教育の基本

まず、教育要領（一九九八年）の「幼稚園教育の基本」には、「幼稚園教育は（中略）幼児期の特性を踏まえ、環境を通して行うものであることを基本とする」とあります。また、保育指針（一九九九年）も「総則」において「子どもが健康、安全で情緒の安定した生活ができる環境を用意し、（中略）健全な心身の発達を図る」ことを保育の基本としています。このようにみますと、幼稚園でも保育所でも「環境」が重視されていると言えます。

ところで、教育要領をみますと、「環境を通した教育」という大きな括りのなかに、

○幼児期にふさわしい生活の展開

○遊びを通しての総合的な指導

○一人一人の特性と発達に即した指導

という三つの指導要素が入っています。

そこで、この三つについてみておきましょう。

はじめに、幼児期にふさわしい生活の展開についてですが、教育要領の幼稚園教育の基本を示したところに「幼児期にふさわしい生活が展開されるようにすること」と述べられています。また、「幼児の生活体験がそれぞれ異なることなどを考慮して、幼児一人一人の特性に応じ、発達の課題に即した指導を行うようにすること」とされています。保育指針をみますと、総則の「保育の方法」のところで「子どもの生活のリズムを大切にし、自己活動を重視しながら、生活の流れを安定し、かつ調和のとれたものにすること」と謳わ

れており、生活を重視しています。

次に、遊びを通しての総合的な指導についてですが、教育要領では幼稚園教育の基本を説いているところで、「幼児の自発的な活動としての遊びは、心身の調和のとれた発達を培う重要な学習である」としています。保育指針では第二章の「子どもの生活と発達の援助」の箇所で、「遊びは乳幼児の発達に必要な体験が相互に関連し合って総合的に営まれることから、遊びを通しての総合的な保育をすることが必要である」と言われています。こうして、幼稚園でも保育所でも遊びを通した保育指導が重視されているわけです。

三つめの、一人一人の特性と発達に即した指導については、教育要領では教育の基本を示したところで、「幼児一人一人の特性に応じ、発達の課題に即した指導を行う」ことが示されています。保育指針では「保育の方法」の箇所で、「子どもの発達について理解し、子ども一人一人の特性に応じ、（中略）発達の課題に配慮して保育すること」とあり、ここでも子ども一人一人の発達の特性に応ずる保育の推進が言われています。

ところで、前述した三つの指導は、幼稚園や保育所の保育の場で行われることから、これらの指導をより有効にするには、まず幼稚園や保育所での環境を整えることが必要です。「環境を通した教育」にかかわって、以上に述べてきたことが、幼稚園と保育所での教育の基本である、と言えるでしょう。そうすると、こういった基本を踏まえて、具体的にどういう保育を実践するのかということがその次の問題となってきます。それは教育内容（保育内容）の問題です。

教育要領では、その第二章に幼稚園教育の内容として健康、人間関係、環境、言葉、表現の五領域が示されています。また保育指針では、「保育の内容構成の基本方針」に幼稚園教育の内容と同じく健康、人間関係、環境、言葉、表現の五領域を挙げています。

この五領域の教育内容をどのように配列して、それをどのように展開するのかが、保育の実践にとって大切なことですが、このことは教育（保育）の目標と深くかかわっています。すなわち、教育要領には幼稚園の教育目標として五つの点が挙げられていますし、保育指針では保育目標が六つ挙げられています。そこで、たとえば幼稚園の教育目標と教育内容とを対比してみますと、「(1)健康、安全で幸福な生活のための基本的な生活習慣・態度を育て、健全な心身の基礎を培うようにすること」という目標が「健康」の領域につながり、「(2)人への愛情や信頼感を育て、自立と協同の態度及び道徳性の芽生えを培うようにすること」という目標が「人間関係」の領域につながっていて、以下同様の関係になっています。

このように教育（保育）目標と教育（保育）内容とは相互関連があると言えますが、その教育目標の特色を捉えておくことが大切です。以下にこの点について考察してみましょう。

② 保育の目標

さて、教育（保育）目標についてみていきますと、教育要領にも保育指針にも、一つの特色が出ています。それは、子どもの態度を培い、感性を磨くことを重視しているということです。

まず、教育要領に示されている教育目標をみますと、態度にかかわるものについては「基本的な生活習慣・態度を育てる」こと、「自立と協同の態度を培う」ことが挙げられています。感性にかかわるものとして、たとえば、「信頼感を育て」「豊かな心情を培う」「豊かな感性を育てる」ことなどが挙げられています。保育指針では、態度にかかわる保育目標として「自主協調の態度を養う」とか、「喜んで話したり聞いたりする態度を養う」と謳われています。そして、感性にかかわるものとして「信頼感を育て」「豊かな心情を培う」「豊かな感性を育てる」ことが挙げられています。

このようにみてくると、教育要領と保育指針には同じような表現で、子どもたちに身につけてほしいという態度や感性が重視されていることがわかります。

③ 子どもを中心にした教育

ところで、改訂された教育要領と保育指針では、教育（保育）内容に関して「ねらい」と「内容」の二つに分けられています。すなわち、教育要領や保育指針に示された「ねらい」は子どもが身につけて育つことが期待される事柄であり、「内容」はねらいを達成するための指導事項として示されているのです。

ここで注目しておきたいのは、この保育内容の「ねらい」や「内容」の具体化としての保育指導を、子どもの側に立って子どもを中心として考えているということです。この姿勢は、教育要領と保育指針の両方に共通してみられるものです。多くの保育者は、すでに子どもの側に立って保育をしてこられたでしょうし、現在もしておられると思います。にもかかわらず、なぜこのように子どもの側に立つ保育を言わなくてはならなかったのでしょうか。

従来の教育要領（一九六四〔昭和三九〕年）でも、保育指針（一九六五〔昭和四〇〕年）でも、子どもを中心にした保育が謳われていました。しかし、長い間に教育内容が小学校の教科のように考えられ、教師が中心になって指導する傾向が強くなっていたのです。また、教育の加熱化のなかで、有名学校への予備校的な幼児教育もみられるようになりました。このようなことから、幼児教育は保育者中心ではなく、子どもを中心にした保育に帰ろう、と新しい教育要領や保育指針で言われているのです。

以上に指摘した保育の目標や保育内容や保育指導のあり方の問題は、幼児教育の今日的問題として論議されていますが、この問題は結局のところ、環境を通した保育を具体化しようというところに帰着します。

▼モンテッソーリの環境による教育

これまで述べてきたことから、新しい教育要領と保育指針の大きな特色は、環境を通した保育を謳っていることにあると言えます。この点に関して、モンテッソーリはどう考えていたのかをみておく必要があります。

モンテッソーリは一八七〇年にイタリアで生まれ、一九五二年にオランダで生涯を閉じましたが、幼児教育の分野では今日まで大きな影響を及ぼした人です。いま、世界的にみますと、モンテッソーリの教育思想やその実践を受け継ごうとする教育運動は成熟期に入っているとみてよいでしょう。

モンテッソーリ教育の継承者であるスタンディングは、従来の教育は教師と子どもの関係で成り立っていたのに対して、モンテッソーリ教育は子どもと教師と環境がかかわり合うところに成立し、しかも、子どもにとっては教師と同じく環境が大事だとされるところに特色がある（『モンテッソーリの発見』）としています。実際、モンテッソーリは早くから環境を教育の重要な要素として取り入れました。すなわち、彼女は一九〇七年にローマで「子どもの家」を開き教育を始めたのですが、そのときからすでに、環境を教育の要素として捉えていたのです。これは二〇世紀初頭のことですが、ここにモンテッソーリの先見性があったと言えるでしょう。

では、モンテッソーリのいう環境とはどういうものでしょうか。それは「整えられた環境」ということです。それならば、その整えられた環境とはどんなものでしょうか。このことについて彼女が示していることを挙げると、次のようです。

(1) 子どもの成長と自立のための環境
(2) 子どもを保護する環境
(3) 子どもが活動できる環境

この三つめの大事なことは、「環境というのは、子どもにとって精神的な食物である」と彼女が考えていることです。だから、子どもは環境を精神的食物としながら活動する必要があるのです。

(4) 子どもの興味に応ずる環境
(5) 吸収する心に応ずる環境

子どもは生まれたときは精神的には無の状態ですが、幼児期にいろいろなことを敏感に吸収して身につけていく心をもっているのです。だから、この吸収する心に応ずる環境が大切なのだ、とモンテッソーリは主張します。

(6) 秩序ある環境

秩序ある環境でなければ、整えられた環境になりません。たとえば、いつでも〈もの〉が一定の場所にあるようにすることが大切です。

(7) 整えられた環境

整えられた環境は、精神を解放する場所です。精神を解放する場所とは、住む場所だということです。言い換えれば、子どもがそこで安心して、心を落ち着けて、心ゆくまで自分の生活をすることのできる場所のことです。このように住める場所であって初めて、子どもは精神の解放ができるのです。ですから、こういう環境を用意することが保育にとって大切だ、とモンテッソーリは言っています。それがモンテッソーリの「子どもの家」だったのです。

このことと関連して、子どもの環境は子どもにとって〈ふるさと〉でなくてはならない、と私は考えます。故郷とか、郷土とかいうものでなくてはいけない、と思うのです。子どもが安心して、何ものにもわずらわされることなく、ありのままに生きられる。そういう所があれば、そこが子どもにとっての故郷であり、郷土なのです。

実は、ドイツの哲学者にして教育学者シュプランガーが、次のように言っています。

人間は（中略）すべての自然的・精神的なものと共に、内面的に成長してきた場所にのみ、故里（ふるさと）をもつのである。

（『小学校の固有精神』）

シュプランガーのこの表現は非常に抽象的ですが、ここにいう故里（ふるさと）とは、第一が温かい家庭であり、第二が民族を包んでくれる国と社会のことです。この国や社会には春夏秋冬の美しい自然があり、文化的行事がありますが、それらに触れ、浸ることによって「ああ、故郷はいいなぁ」という内面的体験をする場所をもつことができるのです。

さて、家庭から国とか社会へと飛躍して考えましたが、その間をつないでいくのは幼稚園であり保育所であると思います。さらには、小学校であり、中学校であり、高等学校・大学であると思います。そうすると、家庭の次に幼稚園や保育所で、子どもが安らぎ内面的に成長することができる場所を見出せるかどうかが問題となってきます。もし、その場所を見出せれば、それが子どもにとっての〈ふるさと〉なのです。このように考えると、モンテッソーリが、整えられた環境として精神を解放する環境が大事であると言っているのは、実はシュプランガーのいう故里の考え方と同じだと言えるでしょう。

要するに、これからの幼稚園や保育所が、子どもにとって〈ふるさと〉になりうるかどうかということが、一つの大きな課題だろうと思うのです。この意味で、モンテッソーリが精神を解放する場所として整えられた保育の環境を強調したのは意義深いことだと言えます。というのも、教育要領や保育指針では、環境を通した保育が謳われてはいますが、具体的にどのように環境づくりをするのかについては説明されていないので、モンテッソーリの教育思想から学びうるところが多いからです。

三　自立への保育

教育要領と保育指針を少し気をつけて読んでいきますと、「自立」という表現に出合います。この表現の箇所は少ないのですが、この言葉の内容は重要な保育理念を示しています。そこで、自立への保育のありようを教育要領や保育指針から読み取る必要があると思います。

▼教育要領と保育指針にみられる自立

さて、教育要領の「幼稚園教育の目標」をみますと、「幼児期における教育は（中略）生涯にわたる人間形成の基礎を培うために大切なもの」とし、さらに、教育目標の⑵に「人への愛情や信頼感を育て、自立と協同の態度及び道徳性の芽生えを培う」とあって、ここに「自立」という表現がみられます。また、教育内容の人間関係を説明したところに、「自立心を育て」という言葉が出てきます。

他方で、自立という表現ではないけれども、自立につながる表現もみることができます。「主体的な活動」というのがそれです。たとえば、教育要領の幼稚園教育の基本の(1)に「幼児の主体的な活動を促し」と出ています。また、「指導計画作成上の留意事項」のところにも、「幼児の主体的な活動を促すために、教師が多様なかかわりをもつことが重要である」とか「幼児が主体的に楽しく活動できるようにすること」と言われています。

保育指針では、「保育の方法」のところに「子どもの主体的な活動を大切にし」と表現されています。また、保育指針の第二章の「子どもと大人との関係」の説明のなかで、子どもは自分が主体となって選択し、決定して行動するという自己の能動性に自信をもつようになることを指摘していますが、これは子どもの自立につながっていく別の表現であるとみてよいでしょう。

このようにして、教育要領と保育指針には、子どもの自立をめざす保育の方向が示されていると言ってよいのです。教育要領と保育指針には子どもを中心にした保育がめざされていることについては前述しましたが、子どもを中心にするとは、子どもが一人立ちできるようにはかることでもあります。だとすれば、幼児保育における「自立」は重視されなければなりません。この意味で、教育要領と保育指針に謳われている自立への保育は重要なのです。

▼モンテッソーリの自立への保育観

ところで、モンテッソーリは子どもの自主性、自由な活動を重視しました。では、なぜモンテッソーリが子どもの自主性と自由な活動を重視したのでしょうか。その理由は二つあります。

一つは、子どもが自主的に自由な活動をすればするほど、満足感と解放感を味わうことができるということです。

もう一つは、この満足感と解放感があればあるほど、子どもは自立に向かっているのだということです。

モンテッソーリが子どもの自主性と自由な活動を重視したのは、子どもが内面的に満足して解放感を味わっているかどうかを追求することだったのです。そのために、モンテッソーリ教育では子どもに自由を保障することが重視されるのです。

子どもへの自由の保障によって、子どもが自由を享受するにつれて、子どもは自立に向かっていきます。言い換えると、自由と自立は一つの事柄の表裏の関係なのです。そのどちらが欠けても、そのものの価値を失ってしまいます。だから、モンテッソーリは、子どもに自由を保障することによって自立をはかろう、と考えたわけです。その具体化の方策が環境を整えることなのです。というのは、整えられた環境のなかでこそ、子どもは大人の直接的な助けなしに、自分で活動し、自立的になっていくからです。

ところで、自由と自立は表裏の関係にあると前述しましたが、ここでもう一度、自由と自立の関係を考えておきたいと思います。一般的には、自由に活動できないと、自立ができないという考え方が成り立ちます。しかし、これを裏返して考えてみますと、本当は自立して初めて自由なのだ、と言うこともできるわけです。人間は自立していることによって初めて、自分の自由意志でいろいろなことを選び、考え、判断し、行動することができるのです。いや、人間は自立的に選び、考え、判断し、行動できなければならないのです。こうしたことができて初めて、自由が享受できるのです。ですから、子どもが自立的に自由を使っているかどうかを問い続けることが大切です。

モンテッソーリは、こういう考えに立って、子どもが自立に向かっていかない教育は本当の教育ではないとし、自立の教育を強調するわけです。

以上のように考えますと、教育要領や保育指針にみられる自立の問題は、これからの子どもをどう育てるのかということにかかわる問題として捉えなくてはなりません。一般に言われているように、新しい教育要領では環境と生活と遊びが強調されているというレベルの捉え方だけでなく、教育要領にも保育指針にも、子どもの自立をめざす保育が打ち出されているという捉え方が大切なのではないでしょうか。そして、子どもの自立をめざす保育のあり方を、モンテッソーリの教育思想から学ぶことが大切だ、と思います。それは、私たちはいま自立の問題を子どもから学び、それをどのように保育のなかに生かすかという課題を背負っているからなのです。

四　援助による保育

さて、現行の教育要領と保育指針をみますと、「援助」という言葉に出合います。この「援助」という表現は、従来の教育要領（一九六四年）や保育指針（一九六五年）に比べて多くみられるもので、一九八九年改訂の教育要領と一九九〇年改訂の保育指針の傾向を継承しているものです。ですから、現行の教育要領と保育指針から読み取るべき保育指導の重要点は「援助」であるとみてよいのです。言い換えれば、これからは保育指導としての援助を考えていかなければならないのです。そこで、以下に「援助による保育」を考察していきます。

▼保育指導としての援助

さて、すでに教育要領と保育指針は、子どもを中心にした保育を表明している、と述べてきました。それならば、保育者が中心となる保育ではなく、子どもを中心にして子どもの成長を助ける保育が実践されなければなりません。言い換えれば、保育者中心の保育から、子どもの成長を援助する保育へと転換しなければならないのです。しかも、子どもは活動を通して成長していくわけですから、子どもの援助は子どもが活動しやすいように援助することだとも言えます。

ところで、教育要領も保育指針も、子どもの活動は遊びが中心だ、と位置づけています。ですから、幼稚園や保育所では子どもの遊びが保育指導の問題となるのです。すなわち、教育要領の「幼稚園教育の基本」において、「幼児の自発的な活動としての遊びは、心身の調和のとれた発達の基礎を培う重要な学習である」として、「遊びを通しての指導」を重視しているのです。また、保育指針では、子どもの活動には食事とか、衣服の調節といった生活にかかわる部分と遊びの部分があるとし、子どもの主体的活動の中心は遊びであり、遊びを通しての総合的な保育をする必要を説いています。このようなことから、幼児保育においては、子どもの遊びを援助することが重要となるのです。

たとえば、教育要領では「指導計画作成上の留意事項」で、子どもの活動はさまざまに流れていくことに留意して、幼児が望ましい方向に向かって自ら活動を展開していくことができるよう必要な援助をすることと言っています。そして、子どもの活動は個人やグループの活動、またクラス全体でと、さまざまに展開していくけれども、子どもの興味や欲求を満足させるように援助することを謳っています。また、保育指針でも「子どもの生活と発達の援助」で、子どもの心身の発達をよく見ながら発達の援助をする必要を説いています。さらに、「保育の計画作成上の留意事項」では、子どもの情緒安定や発達に必要で豊かな体験が得られるように援助する必要性を説いています。

このようにみてくると、新しい教育要領や保育指針は、「援助」ということを重視しているのがわかります。しかし、この教育要領と保育指針のなかでは、援助の具体的なあり方は説明されていません。それは援助のあり方を具体的に挙げにくいからだと思います。とはいえ、援助をどのように捉え、どのように実践していくのかを考えておく必要はあります。

そこで、ベイカーとフェインの考えを参考にして、保育における援助のあり方を考えておきたいと思います。

▼援助によって育てようとする目標

アメリカの幼児教育研究者であるベイカーとフェインは、共著で『幼児の理解と指導』を著しています。この書の中心をなしているのは、教育とは子どもの自立を助けることだ、という考え方です。そして、助ける（援助する）ということは、どういう子どもに育てようとしているのか、その育てようとしている目標がないと助けることができないのではないか、という問いを基底においています。

このような考えに立って、本書では援助して育てようとする目標を挙げていますので、ここではその主なものを紹介しておきます。

その一つは、子どもの自尊の感情を築き上げることが大切だ、ということです。言い換えますと、自分は他の人たち——たとえば、幼稚園だと保育者——に愛されている、しかも自分は価値ある人間であるという感情を、子どもに築き上げさせることが大事だ、ということです。というのは、このことによって子どもは自分で自分を尊重できる感情を高めるようになるからです。

では、そうなるためにいったい、保育者はどうしたらよいのでしょうか。このことについては、子どもが話しかけてきたときには、耳を傾けてじっくり聞いてやりましょう。また、子どもには親切にしてやりましょう。子どもが求めているようにみえることには、深い注意を払ってやりましょう。そうすれば、子どもは次第に自分は大事にされている、自分は尊い人間だと思うようになるでしょう、とベイカーたちは言っています。さらにまた、子どもはいろんな努力をするけれども、子どものその努力を尊重するようにしましょう。決して子どもを辱《はずかし》めたり、咎《とが》めてはなりません。このようにも言っています。

二つめに、子どもたちが自分で自分を信ずる感情と他の人を信ずる感情を築き上げさせることが大切だ、と言っています。そのためには、できるだけ子どもを励ましたり、認めてやり、子どもがめざしている目標が達成できるように助ける。こういうことを通して、子どもには人を信じ自分を信ずる感情ができあがっていくものだ、と言っています。

三つめに、他の人と一緒にいるのを楽しんだり、他の人に順応するのに必要な社会的技能（スキル）を獲得するように、子どもを助けることが大切である、と言っています。ここに社会的技能というのは、たとえば、感情の行き違いとか誤解によって争いが起こったときには、互いに話し合って、争いを鎮める。すなわち、言葉を通して相手の気持ちを汲みとり、自分の気持ちを伝えることによって仲良くしていくことができる。こういうことができるのが社会的技能だ、と言っています。そして、ベイカーたちは、子どもが友だちと楽しくしているときに、そういう社会的技能を彼らが身につけていくように助けてやりましょう、と言っているのです。

四つめに、自立しようとしている子どもの努力を見守り、励ますことが大切である、と言っています。このためには、自分でできるものはすべて子どもにやらせましょう。しかも、子どもが自分で決めたことを自分でできるように。また、その決定をできるだけ子どもに任せましょう。子どもが決定に迷っているとき、私たちは「これをしてごらん」と指示することが多いのですが、子どもが迷っているのは自立しようとして迷っているのであって、それを見守り、決定を子どもに任せ、励ますことが大事である、と言っています。ベイカーやフェインによると、私たちが子どもに代わってするある決定は、結局は彼らに従わせることになると言うのです。

五つめに、ベイカーたちは、保育者が指示した遊びではなくて、子どもの想像と工夫による多くの遊びを尊重し育てることが大切だ、と言っています。その一番よいのは劇遊びでしょう。劇遊びには、ごっこ遊びも含めて考えることができます。たとえば、絵本を見て、そこからヒントを得て劇的遊びをつくっていくのも劇遊びです。ベイカーたちは、子どもの想像と工夫を尊重するのには、こういった遊びが一番だろう、と言っています。

六つめには、美術や音楽、ダンスや言語の領域で、子どもの側に立って想像的表現と創造的な表現を尊重し育てることが大切である、と言っています。というのは、幼児期の子どもは感情表出が強く、しかもその感情表出をコントロールすることができません。これが幼児の特徴でもあるのです。そういう子どもには描画、音楽、ダンスなどで感情表現をさせる。そうすれば、うまく表現できなかった心のなかを歌や楽器を通して、絵を描くことやダンスを通して表現していく。このようにして体による表現によって感情が表出されコントロールされていく。そういう意味で、美術、音楽、ダンスなどの領域で、できるだけ子どもに想像的で、かつ創造的な表現をさせることが大切なのだ、というわけです。

七つめに、ベイカーたちは、子どもの積極的な好奇心、さらにまた、探索したり発見したりする積極性を支えてやり、励ますことが大切だ、と言っています。子どもは物を知りたがり、好奇心や探求心をもっています。子どもはいろいろなことをして発見したり、不思議に思ったら保育者のところに聞きにきます。そういう積極性は支え励ますことが大切だ、と言うのです。

そして、大事なことや必要なときには、端的に答えてやりましょう。でも、全部答えるよりは、できることなら子どもが答えを発見するように助けることの方が大事だ、と言います。そのためには、できるだけ豊かな環境を準備して、見たり聞いたり、触れたり臭いを嗅いだりすることができる機会を子どもに提供することです。時には働いている人の姿も見せましょう。しかも、それはいろいろ違った働きをしている人に接することができればいいし、できればその仕事に参加させてもらえれば、なおいいでしょう、と言っています。

さらにまた、幼稚園では物を作る経験、動物を育てる経験も必要です。こういう経験を具体的にする、しかもそのための変化に富んだプログラムをつくる必要があります。そのプログラムは、子どもが触ってみたい、やってみたいと思うような刺激の要素を含んだものがよいのです。また、くつろぎの時間も考えておきたいものです。そうすれば再発見したり、思考を深めたりして、いっそう積極性が育つことにつながるからです。これがまた、子どもの成長を助けることになるのだ、とベイカーたちは言います。

ベイカーたちは、以上の七点を自立的な子どもを育てるための援助目標として挙げています。しかし、これに関連して、保育者は具体的にどのように援助したらよいのかという問題が出てきます。このことについて、ベイカーたちはいくつかの点を挙げて説明していますので、以下にその要点を挙げておきます。

▼実際的な援助

それでは、具体的にどのように援助したらいいのでしょうか。

まず第一に、保育者は静かで自信のある口調で話しなさい、ということです。静かに話せば、保育者が声をはり上げて話しているときよりも、子どもたちはいっそう注意深くなるでしょう。そうすると、子どもはおのずと静かにしている方がいいということがわかってきます。静かで自信のある口調はこういうことの助けをしているのです、とベイカーたちは言います。

二つめに、できるだけ少ない言葉で指示し、簡単な言葉を使いなさい、と言っています。たとえば、トイレが使えるようになって排泄が自立しはじめた子どもには、よく見ていて「トイレの時間ですよ」とだけ言ってやりなさい。「しくじったら誰が困るの？　あなたが困るでしょう」といった言葉は要らない、と言うのです。「トイレの時間ですよ」と言ってやれば、行くかどうかは子どもが自分で決めます。これが子どもの自立を助けることにつながる、というわけです。

三つめに、子どもに選択させるとき、一つだけを選択させなさい、と言っています。たとえば、よい天気だけれども、屋外・屋内のどちらで遊んでもいいというときには、「あなたは外に行きたいの？」と聞いてやりなさい。そうすると、子どもは「行きたい」か「行きたくない」かの一つを選ぶわけですから――子どもが自分で決めるのですから――余計なことを言わなくてもよいわけです。

四つめに、遊びが終わるまで、できるだけ十分な時間を子どもに与えてやりなさい、と言っています。子どもは急がされると、あるいは急がされていると感じると、どこかで反抗したり、投げやりになってしまうものです。だから、一つのことが終わるまで待ちましょう。これが子どもを尊重する重要な点だ、と言っています。

五つめに、自立するように子どもを助け励ましなさい、と言っています。ただし、子どもが助けを必要としているときだけ、あるいは求めていることだけを助けてやりなさい。要するに、できるだけ子どもが自分でできるように助け励ますことが大切なのだ、と言っているわけです。

六つめに、絵の具とか粘土とか、クレヨンとかコラージュ用の材料といった美術の教材を、可能な限り使わせなさい、と言っています。しかし、その場合にはモデルは使わないようにしよう、と言うのです。たとえば、粘土を使うときに、保育者が「象さん作ったよ」と言って、それを子どもに見せることは避けよう、ということです。しかし、保育者が子どもの前で粘土をこねたり、伸ばしたり、丸めたりして見せることはよいのです。

また、私たちはでき上がったものを評価しがちですが、大事なのは、でき上がったものよりも、でき上がるまでのプロセスです。そしてまた、大切なことは、「その粘土の形はいい感じね」とか「美しい色ね」というように積極的な言葉かけをすることです。こうして少しでも作品のよいところを見つけていくと、子どもはやる気を出して自立していくのだ、と言っています。

七つめに、できるだけ子どものよいところを認め、励ますことだ、と言っています。人間は、他者から認められ励まされたときに、自信とやる気が起きるものです。しかも、自分が尊敬している人に認められ、励まされると、いっそうやる気が起こるもので、特に子どもはそうなのだ、とベイカーたちは言っています。そして、保育者が以上のようなことに心がけておれば、おのずと子どもが自立するように教育していることになるのだ、とも言っています。

▼モンテッソーリの援助観

教育要領と保育指針にみられる「援助」に関連して、ベイカーたちの援助をみてきましたが、モンテッソーリも子どもへの援助を重視しています。

さて、詩人ワーズワースは、詩作“My Heart Leaps Up”において「子どもは大人の父である」と詠んでいます。これは、今の大人は、みんなかつては子どもであった、かつての子どもが、今の大人になっている、だから「子どもが大人の父なのだ」ということです。表現は違いますが、モンテッソーリもそれと同じようなことを言っています。すなわち、子どもの活動は、実際には人間をつくり上げようとする仕事なのです、と言うのです。モンテッソーリは、子どもの活動は人間をつくり上げる仕事をしていることなのだ、と考えています。そこで、モンテッソーリに従って言えば、子どもが大人——人間と言うべきですが——になっていくための活動ができるように援助すること、これが教育だ、と言わなくてはなりません。

そうだとすれば、どのように子どもを援助したらよいのでしょうか。それについて、モンテッソーリは、子どもが子どもにとっての本当の生活が営めるように援助することだ、と言っています。それは要するに、子どもが人間になっていくのを助けるという教育思想の一つの表明なのです。

生活を援助するという考え方は、アメリカの幼児教育研究者サバの考え方にもみられます。サバは『幼児の発見による学習』という本を著しています。この本にみられるサバの考え方は、幼児教育は、子どもがいろいろな発見をして子ども自身が学習していけるように、学習の刺激を準備し、生活を援助することにある、ということにあります。そうすると、モンテッソーリが、生活を重視して、子どもの生活のなかで子どもが自立していけるのを助けることが教育だ、と言ったのと、サバが言っていることとは一致します。

モンテッソーリが子どもの生活の援助をいう場合、それは具体的には子どもの自己活動を助けることを意味しています。そして、ここにいう自己活動は、いわゆる遊びを指すのではなく、すでに述べてきた人間をつくる活動のことです。子どもは精神的には無の状態で生まれてきますので、出生後はすべてのことを獲得し磨いて、一人立ちできる人間として自分をつくり上げていかなければなりません。誰も子どもに代わって人間をつくれないのです。ですから、子どもが人間をつくり上げようとしているこの活動を助けることが何より大事なのです。

このように、モンテッソーリは子どもの自己活動を助けることを強調するのですが、これは子どもを中心におく教育思想の表明であったのです。

五　子どもへの希望

子ども中心の教育を考えるとき、スウェーデンの教育思想家エレン・ケイが思い出されます。エレン・ケイは二〇世紀初頭に「二〇世紀は子どもの世紀である」と言いました。それ以後、この理念を生かそうとする教育的努力がされてきました。すなわち、「すべては子どもから」という合言葉のもとに教育運動が展開されてきました。

ところが、今や、「すべては子どもから」と言っているだけではすまない時期になりました。こう考えたのが、シュプランガーです。二〇世紀の教育は「すべては子どもから」という合言葉のもとに出発したのだけれども、それはあまりにも理想的すぎた。そこには、子どもに何を返してやったらよいのかということが欠けていた。これからは、「すべては子どもへ」という標語のもとでの教育でなければならないのではないか。シュプランガーはこのように言っています。

言い換えますと、どの教材も環境も、先生の心も、すべて何よりも子どもの世界に戻してやらなければ子どもは変わらないし、育たないのだ。子どもを取り巻くすべての教育的営み、それを子どもの心に結びつけてやろうではないか、そういう営みをこそ、今しなくてはならないのではないか、とシュプランガーは言うのです。

ここには、子どもの心にひびく教育が説かれているのであり、そのことによって未来を担う子どもに希望を託そうとするシュプランガーの願いが読み取れます。

モンテッソーリは、子どもにはまだ知られていないエネルギーがいっぱいある、と言いました。しかし、そのエネルギーは、子どもに何かが届かなければ出てこないのです。その「何か」とは、愛なのです。すなわち、子どもへの大人の——保育者の——愛によってのみ、そのエネルギーは出てくるのです。だから、モンテッソーリは保育者に「みなさんは燃えるような愛をもってください」と言っているのです。

シュプランガーもまた、教育愛を重視して、教育者自身の求めるこころ、彼の愛に生きるあこがれ、彼が感ずる愛へのあこがれ、——これのみが、現在の埋もれた人間性をふたたび蘇らせることができるのである。

（『教育学的展望』）

と言っています。確かに、この人間性を蘇らせることによってのみ、初めて人類の未来に希望がもてるのだと思います。このことはまた、教育を通して子どもに未来を託す希望でもあるのです。

モンテッソーリは人類の未来を担う子どもに希望を抱いて、次のように言っています。

わたしらは、あすの人類のために（中略）より大きい希望を子どもに期待します。

（『幼児の秘密』）

このモンテッソーリの言葉は、子どもを未来に引き渡していくために、これからの教育には子どもへの限りない愛と希望が必要なのだ、という表明です。今日、私たちの教育（保育）実践にはいろいろと困難がありますが、いつでも子どもへの愛と希望をもち続けたいものです。そうすることによって、未来を担う子どもを育てることができると思うからです。

第2章 モンテッソーリの子ども観

一 教育対象としての子ども

アメリカの幼児教育におけるヘッド・スタート計画に発言し、人間のインコンピテンスと貧困の相互関係を論じた書『乳幼児教育の新しい役割』の中で、J・マックヴィカー・ハントは「これまでほとんど忘れられていたマリア・モンテッソーリの研究が、いかに実践的示唆を与えるものであるか」と述べて、現代の幼児教育におけるモンテッソーリの教育実践を高く評価しています。そして、ハントは、人間のインコンピテンスの問題は幼児期からの「対応の問題」にあるとする自己の所説に、すでにモンテッソーリの幼児教育実践にその解答の示唆が含まれていると記しています。

ところで、ハントがモンテッソーリの教育思想とその実践を引き合いに出して自己の幼児教育説を展開するとき、そこにはモンテッソーリの子ども観に学ぶべきだとする姿勢がみられます。

モンテッソーリは二〇世紀の幼児教育に大きな影響を及ぼした思想家であり実践家であって、ハントの言を俟つまでもなく、モンテッソーリの教育思想とその実践から学ぶべき点は多いのです。そのなかでも、モンテッソーリの教育思想にみられる子ども観を把握することが重要です。というのは、教育においては子ども観を捉えることによって、その実践が確かになるからです。

そこで、ここではモンテッソーリの子ども観を探り、幼児教育のあり方を考察したいと思います。

二　子どもの発見

さて、モンテッソーリは、子どもの宗教教育を論じた著作『教会で生活する子ども』の中で、「子どもは子どもであるべきだ」と述べています。この言葉には、モンテッソーリの子ども観を解く鍵が秘められているように思います。というのは、一つには、モンテッソーリの眼には子どもが子どもらしさを失っていると映ったからであり、二つには、この言葉にはモンテッソーリの根源的な子ども像が秘められている、と考えられるからです。

子どもが子どもらしさを失っているのは、いわゆる伝統的な教育によるものだ、とモンテッソーリはみています。モンテッソーリは、伝統的教育を、大人がつくり上げている社会生活に子どもを早く適合できるように準備する教育として捉えています。ところが、子どもを社会生活に適合できるように準備するこの教育には、二つの問題点があるように思われます。

その一つは、この教育において子どもを社会生活のために準備するというのは、彼らの現在の生活よりも、むしろ将来の生活に視点がおかれているということです。したがって、この立場では子どもの将来のためにということが強調されて、現在が見失われやすくなります。こうして、子どもの生活の「今」が考えられなくなってしまうのです。そして、子どもの生活にとっての「今」の意味が見失われると、教育のあり方も見失われるようになります。

こうしたことから、子どもの生活にとっての「今」を改めて見直すことが大切なのです。このことをすでに早くから気づいていたのがルソーです。すなわち、彼はその著『エミール』において、「人生では、（中略）一つの状態には一瞬しかとどまらない。わたしたちの心の動きも、わたしたちの肉体の変化も、たえず流れているのだ」と言い、「わたしたちは、わたしたちが現在いる所にはもはや存在せず、わたしたちが現在いない所にのみ存在している」とも言っています。これは生きている人間の「今」という時の大切さを指摘したものです。不確かな未来のために現在を犠牲にするよりは、「今」（現在）を充実して生きることが大切なのだ、というのがルソーの考えです。要するに、ルソーは、子どもは子どもの時代をよりいっそう充実した生活をすることが重要である、としたのです。「子どもは子どもでなければならない」（前掲書）というルソーの言葉は、このような意味に解されねばならないものです。

ルソーは、子どもが「今」を充実して生きることがまず大切だ、としました。この考え方は、モンテッソーリにおいても見出すことができます。一般的には、大人は未来を問題にしますが、子どもは本性上現在に生きるのです。だから、モンテッソーリも「子どもは現在にだけ生き、もっぱら現在に集中する」（『幼児の秘密』）と言っています。子どもは過去を振り返り、未来を志向して生きるのではありません。むしろ、現在に集中して生きる存在なのです。このことは、子どもは現在を充実して生きようとする存在であることを示しているのです。

現在を充実して生きる子どもは、自己を最もよく表します。私たちはそこに人間の美しい本当の姿を見ることができます。そして、この美しい姿から、私たちは何が人間の尊いものであるかを教えられるのです。いわば、それは目前の子どもから出てきたもう一人の子どもとの出会いとも言えますが、それはもう一人の本当の子どもの発見でもあります。モンテッソーリは、この本当の子どもを発見するために、子どもには現在を十分に生きさせようとしたのです。ここに彼女の教育実践の出発点があった、と言ってよいでしょう。

ところで、子どもを社会生活に適合するように準備する教育は、大人がめざすところへ子どもをより早く到達させようとする傾向をもちます。これが第二の問題点です。

その一例として、カリキュラムのなかへ子どもを組み入れていこうとすることがあります。当然のことながら、カリキュラムは教育内容を簡単なものから複雑なものへと配列し、それに従って子どもが学習していくように組織されているものです。しかしながら、実際には目標に早く到達させようとする意識が先行しやすく、そのために、この教育は目標到達の結果に目が移りやすくなります。その結果、目標到達までの過程を重視することが希薄になって、子どもの努力、創意工夫、発想といった面が見落とされやすくなります。こうして、カリキュラムに子どもを組み入れようとする教育は、大人の尺度で子どもをみようとする傾向が強く、一人一人の子どもを生かしにくくする面があるのです。

このような教育に疑問を投げかけ、改めて子どもを見直そうとしたのがルソーでした。彼は「大人は子どもというものをまるで知らない。だから、大人が子どもについて現在持っているようなまちがった考えをもとにして進むならば、進めば進むだけまちがった方向にいってしまうだろう。最も賢明な人たちでさえ、大人が知らなければならないことだけに心をうばわれていて、子どもたちが現在どんなことを学ぶことができる状態にあるかということを考えてみようとしない。彼らは、子どものなかに、いちずに大人を求めていて、大人になる以前に、子どもがどんなものであるかを考えることを忘れている」（『エミール』）と述べて、本当の子どもを発見する必要があることを指摘しています。

ルソーと同じく、モンテッソーリも子どもを発見することの大切さを強調しました。彼女は、「幼児は、単なる将来の存在にしかすぎず、また『形成途上にあるもの』をしか意味しませんでしたので、大人になるまでの間は、全く価値のないものとされていました」（『幼児と家庭』）と述べて、子どもは従来から真に子どもとして遇されてこなかったと考えています。「大人は子どもを一度も注目しなかった」（『モンテッソーリ教育学の根本思想』）とさえ言っているのです。これを言い換えれば、子どもといえども人格を具えた人間である、とモンテッソーリは主張しているのです。

しかし、「子どもは初めて、人生の入口に立つので、彼の人格は大人のものとは全く異っている」（前掲書）というモンテッソーリの言葉に注目しなくてはならないでしょう。それは、子どもの捉え方がルソーのように思弁によるのではなく、彼女自身の教育実践のなかから子どもの独自性と人格を見出したのであって、ここにモンテッソーリの教育思想や子ども観の特色があるからです。

さて、モンテッソーリは次のように言っています。「私たちは、子どものなかに小型にした大人の特質ではなく、特にそれ自体意味がある独自の特色ある生命を発見します」（前掲書）。この言葉は、今まで人びとが顧慮しなかった子どもをモンテッソーリが発見したことを意味します。しかも、その発見は子どもの独自な生命の発見でした。そして、この発見を通して子どもにとっての教育とは何かを考え、その教育実践を進めていったところにモンテッソーリの功績があったのです。

ところで、モンテッソーリは、子どもは神によって創られたものだ、と考えています。しかも、「神は人が考えている以上に、すばらしく子どもを創られた」（『教会で生活する子ども』）と言っているのです。そのことを、「神が子どもに固有の自然本性を与えられ、したがって人間の生に特別な意味を与えられた」（前掲書）と言い、「神が子どもの内容を豊かに創られた」（前掲書）とも言っています。こうした言表から、子どもの内奥には神が与えられた諸能力が秘められているというモンテッソーリの確信が読み取れます。

このようにみると、モンテッソーリにとっては「子どもは、それ自身において大切な人間存在」（前掲書）なのであって、大人に従属する存在ではないのです。言い換えれば、子どもも大人と同じ人格なのです。したがって、子どもと大人は、同時に存在していて互いに影響し合っている二つの違った生命形式とみなされねばならない、とモンテッソーリは考えるのです。モンテッソーリのこの考え方は、子どもと大人の間では、大人からの一方的なはたらきかけだけではなくて、子どもからのはたらきかけもあることを示しており、むしろモンテッソーリは「子どもが大人を変えさせることができる」（前掲書）と考えているのです。

大人を変えさせるほどの子どものはたらきかけは、たとえば子どもと大人の出会いのなかにみられます。モンテッソーリによると、子どもは生まれながらの無垢な無邪気さをもっていますが、大人はすでにこの特性を失っているのです。それゆえに、子どもとの出会いのなかでこの無邪気さに触れて、かえって大人が目覚まされ、自分の思いの至らなさに気づかされて、わが身を正すのです。ここに、子どもが大人の教師であるとするモンテッソーリの子ども観がみられます。

三　子どもの特性

前節に紹介した著作『教会で生活する子ども』において、モンテッソーリは「子どもは、大人とは全く違った意味において考え、感じ、志向する」と述べて、子どもは大人とは違った特性をもっていることを指摘しています。

では、その特性は具体的にはどのようなものでしょうか。

まず第一に挙げられるのは、子どもの心（精神）は敏感に外界を吸収するということです。幼い子どもは、たとえば周囲の事物の色・形・大きさ・雰囲気、さらには言葉を敏感に吸収します。しかも、単に吸収するだけではなくて、吸収したものが子どもの「生命そのものと融合する」（『吸収する心』）のです。このことは、外界を吸収することによって、一種の精神化が子どもの内部で進行することを意味します。言い換えれば、「子どもは受け入れた印象によって、自分も変わる」（前掲書）のです。この変化をモンテッソーリは、「印象が幼児のなかで肉体化する」と言い、その子どもの心（精神）の力を「吸収する心」と名づけたのです。

この吸収する心（精神）は、いわば無意識的な精神の力であって、外界を全体として吸収します。それゆえに、モンテッソーリは、子どもは「すべてを一度に吸収することによって、分割されない全体をとらえる」（前掲書）と言っているのです。そのうえ大切なことは、「幼児が吸収したものは、その人格の最後の部分として残る」（前掲書）ということです。それは、子どもに吸収されたものが子どものなかで肉体化されるからです。この意味から言うと、子どもには子どもにふさわしい環境が必要なのであり、大人には子どもにふさわしい環境を整えることが課せられているのです。

モンテッソーリが子どもの特性として挙げる第二のものは、子どもにみられる注意力の集中現象です。モンテッソーリは、人間の精神は受動的で静的なものではなく、むしろ決して休むことなく動いている、と捉えています。とりわけ、子どもの精神は絶えず求めて動いているのであって、彼は積極的に外界を吸収しようとする探求者なのです。そのために、子どもはじっとしてはおれず、自分に合った活動を探し求めているのです。

子どもは自分に合った活動（仕事）を探し当てると、同じ活動を繰り返して行います。モンテッソーリは、その例として真鍮みがきやはめ込み円柱の活動に熱中した子どもの姿を挙げています。そして、こうした活動に熱中して、その活動をやめたとき、その子どもには深い眠りから覚めたかのように澄んだ目とほほえみ、さらには心の落ち着きがみられ、他の子どもにも親切になった、と報告しています（『子ども』）。ここには、自分に合った活動を見つけた子どもが注意力を集中させている姿が語られていますが、同時にその子どもがより人間らしくなるとともに、社会的人間に成長していくことが指摘されているのです。

ところで、こうした注意力の集中現象はいつでも起こるとは限りませんが、子どもの無意識の欲求が満たされるときに起こるのです。それゆえに、モンテッソーリは、子どもの無意識的欲求を満たすように教具を含めて環境を整えるべきだ、としています。よく整えられた環境のなかで子どもが活動に熱中するとき、彼は自己本来の姿を現します。これは子どもが統一ある全体として現れることを意味しています。と同時に、それは子どもの本性自然のありのままの発展を示すものだと言えます。モンテッソーリは、子どもにおけるこのような現れを、「正常化」と名づけました。

前述の正常化は、注意力の集中に伴って起こります。子どもの正常化が注目されるのは、単に本当の子どもが現れるといった見方で満足すべきではなく、正常化に伴ってその子どもの発達のなかで、自発的規律、活動の持続、他者への思いやりと援助といった面がみられるからです。こうした面がみられることについて、モンテッソーリは「子どもには未知の力がかくされている」(『教会で生活する子ども』)ことを物語っている、と捉えています。この点が、モンテッソーリがみる子どもの特性の第三点です。

モンテッソーリがみる子どもの特性の第四点は、子どもにはすでに成長への萌芽が具わっている、ということです。このことに関して、モンテッソーリは「幼児とはなんでしょう。幼児とは、明白な自分の財産として、成長への芽をもっている人間の再現であります」(『幼児と家庭』)と言っています。子どもには成長への萌芽が具わっているとする見解は、すでにペスタロッチやフレーベルの教育思想にみられるものですが、ここではモンテッソーリの思想について考えたいと思います。

モンテッソーリは、「子どもは、今まで顧慮されず、汲みつくされなかった能力、感受性、創造的な本能などを豊かに持っています」（『モンテッソーリ教育学の根本思想』）と述べていますが、子どもの有する成長への萌芽は実に多面的です。そこで、こうした萌芽をいかに伸ばすかが教育方法の問題となるのです。

では、モンテッソーリはどのような幼児教育の方法を考えていたのでしょうか。彼女は、「幼児教育は一つの方法、一種の教育しかない」（『吸収する心』）と言っています。そして、ここにいう「一つの方法」「一種の教育」とは、人間の自然の発達に従う教育のことなのです。一般に、自然の発達には一定の法則があると言われますが、モンテッソーリにおいても同じ考えが保持されています。「神が子どもの肉体的精神的生命に一定の発達の法則を決められた」（『教会で生活する子ども』）という彼女の言葉から、それがわかります。このように、モンテッソーリは子どもの発達に従う教育を強調するのですが、彼女は、子どもは長い時間をかけて徐々に発達していく、と捉えています。これが子どもにみられる第五の特性です。

人間は生まれてすぐに自立し活動することはできません。むしろ、人間は能力的には無の状態で生まれてくるのであって、その後、生きるための能力を自ら獲得していかねばならないのです。すなわち、人間は母胎内で徐々に身体を構成してきたのと同じく、出生後は徐々に精神を構成していかなければならないのです。このことをモンテッソーリは、人間には「誕生前と誕生後との二種の胎生期がある」（『吸収する心』）と言い、誕生前の胎生期は他の動物と同じであるが、誕生後の胎生期、すなわち精神の構成期は人間にしかないとしています。そして、モンテッソーリは身体的胎生期に対して、精神の構成期にある新生児以後の子どもを「精神的胎児」と名づけたのです。

この精神的胎児が精神の構成をする期間は、母胎内にいるときよりも長い期間を必要とします。すなわち、彼はこの長い期間のなかで外界を吸収しつつ、人間として生きるためのさまざまな能力を獲得していかなければならないのです。この点で、人間は他の動物とは異なります。以上のことから、モンテッソーリは、人間の特性は幼児期が長いことにある、としています。

幼児期は人生建設の初期にあたり、子どもはこの時期に自己の身体力、知力、言語等を獲得していきます。そこで、幼児期の教育は身体力、知力、言語等の獲得を助けることに主眼がおかれるべきであって、先を急いだり、無理強いをしてはならないのです。そのことをモンテッソーリは、「大切なことは、幼児が自分の本性自然の法則に従って、ゆっくりと落ち着いて成長できるように図ることです」（『幼児と家庭』）と言っています。このモンテッソーリの言葉は、幼児教育においては子どもの発達段階を急がないで十分に通過させることが重要であることを説いたものです。それは「幼児期の子どもにおいては、心身共に傷つきやすい状態にある」(『モンテッソーリ教育学の根本思想』)からです。

幼児の心身は傷つきやすいということから、モンテッソーリは子どもの発達に従いながら、これを援助することが教育であると考えています。そのためには、幼児が自由に活動できるように環境を整えることが、まず大切です。よく整えられた環境のなかで子どもは育ちますが、ここにいう「育つ」とは、自立的人間に育つということです。ですから、子どもは整えられた環境のなかで、自ら活動を選びとって自立的に学んでいかなければなりません。モンテッソーリが、「子どもはその環境での経験によってこそ十分に発達できる」(『吸収する心』)と言っているのも、このような意味なのです。

前述のことを別の面から考えてみますと、子どもは経験を重ねつつ生を深め、自己を広げていきます。だから、モンテッソーリは「生きるという過程は、子どもにとっては彼自身の拡張と拡充である」(前掲書)と言っているのです。子どもはいつも生への途上にいます。そのために、子どもの生に新しい拡張と拡充が起こりうるように援助することが、私たちの務めであると言わねばなりません。

四　子どもの権利

モンテッソーリは、その著『家庭における子ども』（鷹觜達衛訳では『幼児と家庭』）の第一章に「空白のページ」という表題を付しています。一見奇異にみえるこの表題には、モンテッソーリの思いが込められていたのです。すなわち、モンテッソーリによると、従来、「幼児は、それ自身、社会のなかで、あたかも『存在しないもの』のように扱われ」（『幼児と家庭』）、「大人から一方的に助けられているか弱い存在としてしかみられず、権利はとり上げられ、大人から抑圧されている人格であるとは夢にも考えられなかった」（前掲書）のです。

これを要するに、従来、子ども一人一人が自己形成しようとしている人格であるとは誰も考えなかったのであり、人類史において、子どもの人格とか権利といったものについては、まだ何も書かれておらず空白のままであるということなのです。それゆえに、この空白のページをこそ、これから私たちが書き込んでいかねばならないのです。モンテッソーリの前述の表明には、このような思いが込められていたのでした。さらに言えば、子どもの権利が認められず、人格を有する子どもとして遇されていないことに対して、子どもの権利を認め、子どもを中心にすえた教育をしようという意図が込められていたのです。

前述のことから明らかですが、モンテッソーリは、子どもにはすでに人格が具わっている、と考えているのです。そして、その人格はいかなる人も奪い取ることはできません。そのことをモンテッソーリは、「幼児であっても、他のすべての人間と同じように、かれは独自の人格をもっています。かれは自分のうちに、創造者としての精神の美しさと品位をそなえており、それは決して消されえないものです」（前掲書）と表明しています。この表明は、「すべての子どもがユニークで、他のだれとも異っている」（『幼児の理解と指導』）というベーカーたちの言葉に通じるものです。

ところで、子どもは固有の人格を有するがゆえに、社会的存在として生きていくことができるのです。というのも、固有の人格が出会うところに社会生活が成立するからです。また、社会が発展するためには、一人一人の人格を尊重するように、早くから人間を育成する必要があります。そのためには、人格を尊重する教育を幼児期から始めねばなりません。

子どもの人格を尊重するとは、子どもの権利を尊重することにつながるものです。というのは、生まれながらにして子どもが有している人格は、社会のなかで生きるための人格としてあり、かつ子どもは社会のなかで生きる一人の人間として権利を保持するがゆえにです。そこで、モンテッソーリにとっては、子どもの社会的権利を回復させることが緊急事だと思われたのです。彼女は子どもの権利が顧みられなかったことに思いをはせて、「最近は人間の権利について、とくに労働者の権利について、やかましく語られていますが、今は子どもの社会的権利を問題にすべきだ」(『モンテッソーリ教育学の根本思想』)と述べています。ここに、モンテッソーリが、いかに子どもの権利回復を熱望していたかがわかります。

モンテッソーリが子どもの権利、特に社会的権利を回復させようとしたのは、そのことによって未来社会の平和を願ったからなのです。彼女の目には、現代社会は真の平和からは程遠く、世界は病んでいる、と映っていました。そこで、その病根をたずねると、今までずっと子どもの権利は認められず、したがってまた他者の権利を尊重することを子どもたちは学んでこなかったのであって、この状態が続く限り人類に平和は訪れないでしょう。この状態を打開するには、子どもに希望を託すほかありません。そのためには、なんとしても子どもの権利を認め、大切にすることが肝要なのです。モンテッソーリは、このように考えたのです。

子どもを本当に大切にするようになれば、大人の態度もまた変わってくるでしょう。それは、モンテッソーリが「私たちが、子どもの権利や要求に対して、もっと大きな尊敬をするようになれば、子どもに対する愛情ももっと変わったものとなるでしょう」（前掲書）と言っているのと同じです。したがって、大人が変わらなければ、子どもを尊敬したことにはならないのです。

さて、私たちが子どもの権利を認め尊重するためには、何をしなければならないでしょうか。それは大人が汚れなき子どもの精神に帰り、そこから子どもを一人の独立した人間として研究することです。そのことをモンテッソーリは、「皆さん、人間の健全な精神を回復するためには、私たちは子どもに帰らなければなりません。（中略）私たちは子どもを大人に従属する被造物として研究してはなりません。むしろ、独立した存在として、すなわち、それ自身考慮される存在として研究されるべきです」（前掲書）と言っています。

子どもの研究は、子どもが真に生活できるようにするために必要なのです。それは、子どもが真に生活することができてこそ、未来の社会に明るい展望が開かれるからです。このことは、子どもの権利が十分に認められ生かされてこそ、一人一人が生きると同時に、社会の発展につながることを意味しています。そして、こうした点に着目して、大人が目覚め、子どもを育成していくところに教育がある、と言うべきです。

実は、このように主張したのがモンテッソーリでした。彼女は、子どもの権利回復と教育を結びつけて捉え、人類社会の未来に希望を託した教育思想家にして教育実践家だったのです。しかも、未来に希望を託した教育を幼児期から行うべきだと強調しているところに、モンテッソーリの教育思想の特色があると言えるでしょう。

第3章

モンテッソーリの援助による教育の思想

一　自立的人間育成への援助

一九八九年三月に、一九六四年三月以来使われていた教育要領が改訂されました。改訂された教育要領では、幼稚園教育の基本として環境を通した教育が謳われ、この視点のもとに、①幼児期にふさわしい生活の展開、②遊びを通しての総合的指導、③一人一人の特性と発達に応じた指導、が重視されています。しかし、よく読み返してみると、この教育要領には幼児の自立と成長のために援助するということが説かれていることに気がつきます。大胆な言い方をすれば、一九八九年の改訂教育要領には幼児の成長のための援助という教育理念がみられると言ってよいでしょう。

たとえば、旧教育要領（一九六四年版）では、第三章の指導および指導計画作成上の留意事項において、「幼児みずから選んで行なう経験や活動の指導にあたっては、幼児の興味りや欲求をじゅうぶん満足させるようにし、必要によっては教師も参加したり、援助したりして、その経験や活動が効果的に発展するように配慮すること」とされ、ここに「援助」という表現がみられるにすぎません。しかし、改訂教育要領（一九八九年版）では、教育内容の「人間関係」に関する留意事項で、「幼児の活動を見守りながら適切に援助を行うようにすること」とありますし、第三章の指導計画作成上の留意事項において、「幼児が望ましい方向に向かって自ら活動を展開していくことができるよう必要な援助をすること」とされ、さらに「他の幼児とかかわりながら活動を展開する中で生活に必要な習慣を身につけるよう援助すること」と述べられています。

その後、一九九八年に再び教育要領が改訂されましたが、一九九八年改訂の教育要領でも幼児の自立と成長への援助という考え方は継承されています。また、一九九九年に改訂された保育指針でも、子どもの生活と発達の援助が謳われています。このようにみてきますと、今日の幼児教育には援助による教育が重視されている、と言えます。

この援助による教育という視点は、とりわけ幼児教育においては大切なことですが、これを早くから強調していたのがモンテッソーリでした。彼女は、一九〇七年にローマで「子どもの家」を開設して以来、一貫して子どもの成長を援助する教育を説き、自らも実践した人でした。

さて、モンテッソーリは、「子どもはほかならぬ人間自身をつくるのです」（『幼児の秘密』）と言っていますが、ここには、肉体を具えてはいるが、人間精神の知・情・意の側面を形成された形ではまだもたないで生まれてきている子どもが、やがて人間として成長していくのだ、という意味が込められているのです。それは、詩人ワーズワースが、「子どもは大人の父である」と詠んでいる心に通ずるものです。以上要するに、モンテッソーリは、子どもが人間（大人）になっていくことに注目して、子どもの成長を援助することが教育なのだ、と考えたのです。

ところで、ここにいう人間とは自立的人間のことです。してみると、自立的人間に育つことへの援助がモンテッソーリ教育思想の基本であった、とも言えるわけです。しかもまた、自立的人間を育てるとは、子どもを未来の社会と歴史につなぎ託していくことだ、という意味も込められていたのです。モンテッソーリが、「わたしたちは、あすの人類のために、一層の活力とより大きい可能性を子どもに期待するのです」（前掲書）と言っているのは、その意味なのです。

二　環境整備による援助

モンテッソーリは、子どもが自立的人間に育つように援助することを説きますが、その援助とは具体的にはどのようにすることでしょうか。それは子どものために環境を整えることなのです。モンテッソーリは、「子どもはその環境での経験によってこそ、十分に発達できるのです」（『吸収する心』）と述べていますが、これは保育者の直接的な指導によるのではなく、子どもが自分で活動することによって本当に生きる経験をし、自己を広げて自立的となるということを意味しています。これを要するに、整えられた環境とは、子どもが活動できるところだ、とモンテッソーリは捉えているのです。彼女は、「子どもは自分の成長課題をまったく一人でなし遂げ、全部を成就しなければなりません。いかなる人も、子どもからこの努力を引き取って、彼に代わって成長させることはできません」（『幼児の秘密』）と言っていますが、まさに子どもの人間的成長は、誰も子どもに代わってはできず、子ども自身でしなければならないのです。そして、その人間的成長は子どもが活動することによって可能だ、と言わねばなりません。

一般的には、子どもの活動は身体と精神の両面の形成にかかわるものです。モンテッソーリも子どもの身体と精神の相関的発達に注目して、「子どもは運動するときにのみ、注意したり、考えたりすることができるのです」(『モンテッソーリ教育学の根本思想』)と言い、「人間は仕事をすることによって形成されます」(『幼児の秘密』)とも言っているのです。モンテッソーリのこうした言表は、子どもが精神を生かすには身体活動を必要とすることを述べたものです。それゆえに、モンテッソーリにとっては、子どもが活動できる環境を整えることが、子どもの自立的成長のために何よりも大切であったと言えるでしょう。

子どもが活動しやすいように環境を整えるとは、子どもの発達や大きさに合わせて、子どもが使いやすい物を用意することです。たとえば、ほうきやちり取りなど、子どもが容易に使える大きさで軽いものを用意することです。また、料理用のまな板や包丁も子ども用のものを用意することです。しかし、いずれも本物を用意することが大切です。本物を使うことによって、子どもは本当の生活活動をすることができるからです。

環境を整えるというのは、秩序のある環境にすることでもあります。ここで環境に秩序があるとは、たとえば教材がいつも同じ場所にあることを指します。それは、子どもは教材が同じ場所にあることを求めているからです。そのことをモンテッソーリは、「遊びの楽しみは、もっぱら物がいつもある場所に見つかるという喜びにあるのです」(前掲書)と言い、「幼児は環境の事物を、いつも同じ場所でながめることを好み、ひとたび秩序が乱されますと、それをもとどおりにしようと自ら努力するものです」（『モンテッソーリ教育学の根本思想』）とも言っています。したがって、モンテッソーリによると、たとえば、保育室の教材はいつも同じ場所に正しく収納されていなければなりません。それは、教材の置き場所を恣意的に変えることによって、子どもの秩序感を混乱させたり、ひいては子どもの活動を混乱させるのを防ぐためです。

さらにまた、環境を整えるとは、子どもがもっている吸収する心に応ずるようにすることなのです。モンテッソーリは、子どもは精神的には「無」の状態で生まれてきますが、出生後、環境からさまざまなものを吸収して自分をつくり上げていく力をもっているとして、これを「吸収する心」と呼んでいます。モンテッソーリは、環境が精神的な食べものであると考えています。そこで、子どもの精神的成長のために、この吸収する心に応ずる環境を用意することが大切だとするのです。それは、たとえば、家庭のさまざまな調度品のように物を準備し整えることです。これらの調度品は、形・大きさ・色・デザインなどさまざまでありながら、それらが部屋のなかで美的に、しかも使いやすく配置されなければなりません。このように配置された部屋のなかで、子どもたちは落ち着くのです。それゆえにリラードも、モンテッソーリのクラスには美感と雰囲気が大切なのだ、と言っています（『なぜ、いまモンテッソーリ教育なのか』）。このように落ち着ける部屋にいることによって、子どもは心を解放するのです。この意味で、モンテッソーリは、保育室の環境を整えることは、幼児の精神を解放することである、と考えていたと言えます。

ところで、子どもにとって精神が解放される場所は、子どもの住む場所であり、子どもにとっての〈ふるさと〉でもあります。シュプランガーは、「人間は（中略）すべての自然的・精神的なものと共に、内面的に成長してきた場所にのみ、故里（ふるさと）をもつのである」（『小学校の固有精神』）と言っていますが、整えられた環境としての保育室は子どもにとっての〈ふるさと〉なのです。言い換えれば、〈ふるさと〉と言える環境のなかで、子どもは自らを解放し精神的養分を吸収するのです。モンテッソーリが、環境が精神的な食べものであると考えているのもこのような意味においてです。してみると、子どもにとって〈ふるさと〉と言える環境を整えることによって、彼らの精神的成長を援助することができるのです。

三　教材整備による援助

子どものために〈ふるさと〉と言える環境を整えることとは、子どもが十分に活動でき、心を落ち着かせることのできる場を設定するということでもあります。モンテッソーリは子どもが心を落ち着かせて十分に活動できることを重視しているのです。それは、子どもは動こうとして、じっとしてはおれない存在であると捉えているからです。それゆえに、ゲットマンは、モンテッソーリ教育における環境整備に触れて、幼児教育の場における教材や物は、子どもがそれらに惹きつけられるように楽しくて魅力あるものでなければならないとし、保育者の好みや要求に従って考えてはならない、と言っています。むしろ、環境――特に教材――をどのように整えたら、子どもにとって楽しく、より便利なものとすることができるかを、いつでも考えていくことが大切なのだ、とゲットマンは指摘しています（『モンテッソーリの基本』）。というのも、子どもは楽しみながら十分に活動することによって初めて、落ち着きを得るからなのです。

さて、現行の教育要領と保育指針では「子どもの主体的活動」が重視されていますが、これは保育者中心ではなく、子ども中心の保育をめざすものです。そして、この保育では子どもの成長を援助することが、保育者の主な仕事となるのです。ですから、たとえば、教育要領に「幼児が望ましい方向に向かって自ら活動を展開していくことができるよう必要な援助をすること」と謳われていることに注意を払う必要があります。これにあわせて、子どもが十分に活動できるように環境を整えることを提唱したモンテッソーリから学ぶことは意義あることです。

モンテッソーリは、環境にある教材に触れ、それを使って自由な活動をすることによって、子どもは自己発展する、と考えています。その自由な活動ができるために、彼女はなによりも教材を整えることを強調するのです。モンテッソーリにとっては、保育者によって用意周到に準備され整えられた環境のなかで、子どもが「積極的な活動をし、努力したり、直接に仕事をして苦心して作り出すという現象が重要」でした（『平和と教育』）。それは、整えられた教材を通して、子どもが一人で学習し困難を克服することによって、子どもは自ら充実感を味わい、そのことによって自立心と主体性に富んだ能力を発達させる、とモンテッソーリが考えたからです。モンテッソーリが子どもの成長のために環境——特に教材——を整えることを強調したのは、このような意味をもっていたのです。

四　保育者による援助

保育における環境とは、教材や調度品やその他の物が、美的で魅力あるように整えられた環境のことだと考えられます。しかし、子どもにとってより大切なのは「人」（保育者）です。この点に関して、ゲットマンは「はれやかで明るい部屋、家具調度品、モンテッソーリの教材などはともに、〈準備された環境〉の半分を構成しているにすぎない。あとの半分はあなたがた大人なのだ」(『モンテッソーリの基本』)と言って、子どもにとっての大人(保育者)の重要性を指摘しています。

ゲットマンは、モンテッソーリ教育における保育者の役割について論じていますので、それに依拠して子どもに対する保有者の役割を考えてみたいと思います。

ゲットマンによれば、モンテッソーリ教育がめざす環境準備のための保育者の役割は、①活動空間、家具調度品、教材の管理者として、②子どもと教材の相互作用を促進する者として、③子どもの活動と発達の観察者として、の三つです。

まず第一の管理者としての役割は、前述したところですが、教材や家具調度品をきれいで、子どもが手にとってみたくなるように魅力的にし、いつも秩序正しく置かれているようにすることです。そして、保育者が、たとえば、教材の扱い方を子どもに提示するときには、一時に一つの教材だけを選び、急いで不注意に動きまわらないようにし、また、教材を荒っぽく扱わないように気をつけなければなりません。というのは、子どもは保育者のこうしたよくない動きを吸収し、それを再現するようになるからです。

第二の子どもと教材の相互作用の促進者としての役割は、保育者には時間を大切にし、かつ注意深さを要するものです。それは、モンテッソーリ教育の保育者には、原則的に一時に一人の子どもに、一つの活動を提示することが求められているからです。しかもこのとき、保育者は二つの責務を担っているのです。

その一つは、それぞれの活動が子どもの発達に適切に合致していることを明確に示すべきだ、ということです。それは、子どもの知的・身体的能力をかきたてるためであり、また保育者が示す活動の提示をしっかりと子どもに観察させ、後になって一人で活動しようとするのを刺激しながら、子どもの以前の経験に確実に結びつけるためです。

そのために、子どもにやってみようという問題意識をもつよう助けるには、活動を提示する保育者は自信と手ぎわのよさ、またやさしい表情で、その活動をやって見せなければならないのです。それを見ることによって、子どもはその活動のすべてを吸収し、やがて自分もその活動を完全にやり遂げようとして、それを何度も繰り返すようになるでしょう。子どもの日常の試みのなかで、やってみようとする最初の様子がみられたら、保育者はそれを受け入れて、その活動が発展していくように練習をつけ加えていくようにしなければならないのです。

二つめは、好奇心が十分に刺激された子どもに活動が提示された後は、子どもが自発的に選んだり、自立的に活動をするように援助することが大切です。しかし、保育者はすぐに子どもを援助しようという感情的衝動を抑えなければなりません。子どもには自分で新しい教材を試してみたり、保育者に提示してもらった活動を再現してみようとすることが許されるべきなのです。しかし、子どもが保育者の提示を十分に理解していないときには、できるだけ早い時期に保育者は活動を繰り返し提示して見せることが大切です。そして、提示を繰り返すときには、保育者は子どもが以前の活動のなかで見過ごした点を明らかにするよう留意することです。

第三の観察者としての保育者の役割は、子どもの発達を長期にわたって観察することです。そのためには、子どもに活動を提示するとき、保育者は子どもの以前の活動と興味のレベルをしっかりと観察しなければなりません。そのことによって子どもが注意力を持続するための機会を準備しなければならないのです。また、そのために、子どもが自分で活動を始めたら保育者はその活動のなかにどんな困難が生じるか、またどんな提示をしなければならないかを、離れたところからよく観察するように努めなければなりません。

このようにして、子どもの観察を通して子どものために環境を適正に管理するならば、子どもは人間としての成長を遂げていくでしょう。しかし、子どもが人間的成長を遂げていくためには、保育者の忍耐強い観察が求められます。そして、この忍耐強い観察によってこそ、子どもの成長のためにどのような援助が必要で、どのような援助ができるのかが見えてくるのです。

以上において、ゲットマンの所説に依拠して、環境整備と保育者の役割の視点から、モンテッソーリ教育における援助のあり方をみてきました。一九八九年の教育要領改訂前に文部省が示した「幼稚園教育課程講習会説明資料」において、教師の援助の重要性が説かれています。そこでは、「教師の援助は、幼児と生活を共にしつつ、幼児が展開する活動の中に個々の幼児の興味や関心、発達の課題などを見出し、必要な体験を積み重ねていけるよう環境を適切に作り出すことが中心となる」とされており、環境を整えることによる教師の援助が説かれています。この点は、モンテッソーリの教育思想と共通するところです。

五　自由な自己活動の準備による援助

すでに繰り返し述べてきたように、環境を整えることで子どもの成長を援助するというのが、モンテッソーリの考え方でした。しかし、モンテッソーリの子どもへの援助の考え方には別の面もみられます。それは、子どもが自己活動できるように助ける、ということです。このことは、自己活動によってこそ子どもはより自立的人間に成長するという彼女の考え方に基づいています。

モンテッソーリは、「大人は、子どもの固有の仕事をこの世で子どもが自分で遂行できるように子どもを援助すべきです」（『幼児の秘密』）と言っていますが、これは子どもが自己活動できるように援助することを述べたものです。そして、彼女は、子どもが自己活動できるよう援助するとは、子どもの活動を自由にすることだ、と言うのです。すなわち、モンテッソーリは「個人の人間性は、個人の自由がないと実現され得ないのです」（『平和と教育』）と言い、「自由は、個体の完成への無限の可能性を与え、人間にとっては完全な発達への出発点となる」（前掲書）とも述べて、人間の成長にとって自由の重要性を指摘しています。また、「子どもを自由にし、その自発的表現をさせることです」（『モンテッソーリ教育学の根本思想』）とも述べて、自由な活動のなかで、子どもに自発的な自己表現をさせることの大切さを説いています。

こうしてモンテッソーリは子どもの活動には自由が不可欠だと言うのですが、子どもには子ども独自の発達の計画――創造主によって定められた計画――が秘められていて、この計画は自由のなかで最もよく実現される、とも考えています、モンテッソーリは、「発育の途上にいる子どもの一つの特徴は、遅滞も中断もなしに忠実に自分のプログラムをしっかりと守るということです」（『幼児の秘密』）と言っていますが、この言表は、子どもは発達の計画を内に秘めていて、それに忠実に従っていることを示すものです。しかし、子どもが内なる発達の計画を守りつつ、それを実現するためには自己活動と自由が必要であることは言うまでもありません。

モンテッソーリが、子どもには自由な活動が必要だというのは、彼女の宗教的人間観に由来するのです。モンテッソーリは、すべての子どもの内部には創造主の計画に従って発展する〈善きもの〉がある、と捉えています。そして、この〈善きもの〉は、子どもが自由に活動するとき、伸びて育っていく、と考えています。そのために、子どもに自己活動と自由を用意しなければなりません。そして、この努力が子どもの成長への援助につながるのです。

私たちは、このことを心に留めておかなければならない、と思います。

第4章

生活の援助としての教育

一　生活の意味

モンテッソーリ教育には、いくつかの原則があります。そのなかで「生活の援助」が一つの大きな原則です。この視点からモンテッソーリ教育を捉えているのが、モンテッソーリ教育の継承者であるヘルミングでした。ヘルミングは、生活を援助すること、それが教育の根本原則なのだとするモンテッソーリの主張を受けて、モンテッソーリ教育学の基本は「生活の援助」にある、としています（『モンテッソーリ教育学』）。

また、モンテッソーリ教育の研究者であるプラカザムも、モンテッソーリの教育理論を編纂した書『子どもについて何を知るべきか』において、モンテッソーリ教育理論の「生活の援助」を重視しています。

前述のことから、モンテッソーリの教育理論を「生活の援助」という視点から捉えることが重要です。しかし、「生活」とはいったい何でしょうか。

教育史上、多くの思想家が「生活」を教育理論に取り入れて論じています。たとえば、コメニウスやフレーベ、デューイがそうです。コメニウスの『大教授学』（一六二七―一六三二年）の中には、生活教育の思想が流れていますし、フレーベルの『人間の教育』（一八二六年）においても、生活教育の思想が流れています。また、デューイにおいては『学校と社会』（一八九九年）や『民主主義と教育』（一九一六年）などに生活教育論が貫流しています。

こうした人たちと並んで、モンテッソーリも生活教育を主張しました。しかも、モンテッソーリは幼児教育の立場から生活教育を説いたのです。

ところで、前述の教育思想家たちの「生活」についての見解や概念規定は必ずしも同じではありません。そこで、以下において、語義から「生活」とは何かを考えておきたいと思います。

まず、日本語の「生活」の意味を考えたいのですが、その場合、「生」と「活」に分けて考えてみることにします。というのも、この二字はそれぞれに意味をもっていて、合体して「生活」という語を成しているからです。

さて、『角川漢和中辞典』（貝塚茂樹ほか編）によると、「生」は象形文字であって、土中から出た草木の芽がいっそう伸びた形に由来し、芽が伸びる意が元来の意味であるとされています。ここから「生」には、①うまれる、②生きる、③いかす、④いのち、⑤いきているもの、⑥はえる、⑦おうる（成長する）、⑧なま、⑨き（まじりけのないこと）、⑩うぶ・ういういしい、⑪いき（生気）、といった意味があるとされます。

同じく前掲の辞典によると「活」は形声文字であって、舌（カツ）は水がごうごうと音をたてて勢いよく流れる様子を示しており、その勢いのよいこと、すなわち生気あることを示しているとされます。ここから、「活」には、①いきる、②いかす、③くらし、④生気がさかん、⑤よみがえる、⑥水の流れる音、⑦かつ（活）、といった意味が導出されるのです。

以上のことから、日本語の「生活」はさまざまな意味をもっている「生」と「活」とが合体して一語を形成していることがわかります。「生活」の意味内容が多様なので、それを一義的に捉えられないのです。むしろ、「生活」は多様な意味内容を包み込んでいると言うべきでしょう。

次に、ドイツ語の「生活」は「レーベン」ですが、この語にも生命、生活、活気、活動、生計、一生、世間、実生活といった意味があって、単純には訳出しえない内容を含みもっています。

このように「生活」という言葉には、多様な意味内容が包み込まれているのです。それはおそらく、人間の生活は多様な側面を含みながら、それらが一つのまとまりとしてあることを示すものだ、と考えられます。言い換えると、現実の人間生活は多様でありながらも、一つの統一を保っていることを示しているのだ、と言えるでしょう。モンテッソーリが「生活は一つの統一」（『子どもについて何を知るべきか』）と表明しているのも、このことを指しているのです。ここで、ヘルミングが次のように言っていることに注目しておきましょう。

生活の本源に、あらゆる教育学的な配慮が向けられていなければなりません。〈生活〉の概念については、生活の全体が考えられているのです。特に、そこからすべてのものが現われ、そこにすべてのものが基礎づけられており、その目標と意味がある生命の神秘にみちた始まりと統一が考えられるのです。（『モンテッソーリ教育学』）

生活は一つの統一であって、何かに分割することはできません。そして、生活が生活としての意味をもつのは、人間が生きることによってです。ですから、ヘルミングは「生活の意味は生きることである」（前掲書）と言っているのです。この表明は、人間は生きるために創られているというモンテッソーリの思想と符合するものです。確かに、私たちは生きるために生活しているのであって、生活のために生きているのではないのです。

しかし、生きるとは単に生計をたてることのみをいうのではありません。生計も大切ですが、私たちの生活においては、生命が生き生きと生きてはたらくところに生きている証があるのです。言い換えれば、生命が躍動する生活のなかにこそ、生活の意味があると言えるのです。人間はこうしたとき、真に生気あふれる人間となることができます。教育とは、こうした生活ができるように人間育成の援助をすることなのです。モンテッソーリ教育は、実はこの視点から出発しているのです。

二　子どもの生活とその援助

幼児教育に大きな功績を残したフレーベルは、その著『人間の教育』の中で、次のように指摘して大人たちに警告を発しています。すなわち、幼児には大人になって完成する感覚や知識や技能などの芽が、すでにみずみずしい姿で内面にある。しかし、大人はこのみずみずしい幼児の生活の全側面に触れていないし、注意さえしていない、と言うのです。

確かに、幼児にはさまざまな素質・能力が可能性としてあり、それがみずみずしいままで内奥にひそんでいます。しかし、大人はそれを注意して見ようとしないので、幼児は自己の生命を十分に生きられず、本当の人間として成長することができにくいのです。要するに、大人は幼児を知らなさすぎるのです。すでに、ルソーも『エミール』において「大人は子どもというものをまるで知らない」と言っています。これは、子どもを知っているつもりではいるが、実は子どもの本当の姿（子どもの生活）を知らないがゆえに、子どもを駄目にしている大人に対するルソーの批判であったのです。

ルソーの言うように、確かに私たちは子どもを知っているつもりでいますが、本当のところは子どもを十分に知らないのです。また、子どもにはまだ知られていないものがあるとも言えますが、それでもやはり私たちは子どもを十分には知らないのです。そうすると、私たちがまずしなければならないのは、子どもをよく研究することです。だから、モンテッソーリも次のように言っています。「子どもにはまだ知られていないものがある。子どもの精神生活の一部については、われわれは何も知っていない。われわれには、これを探求することが肝要なのだ」（『幼児の秘密』）。モンテッソーリがここに言うまだ知られていない子どもの精神生活の一部とは、子ども特有の世界であって、子どもだけがもっている魂の内奥の世界のことです。しかも、この魂の世界は神秘的な世界であって、神秘的であるがゆえに知られにくいのです。

しかしながら、子どものこの神秘的な世界は絶えず伸張しようとしています。それはまた、創造しようとしていることなのです。これが子どもの生活だと言ってよいでしょう。してみると、子どもの創造しようとしている生活を援助することは、何にもまして大切だと言えます。

子どもの生活を援助するためには、子どもの生活をよく知らなければなりません。それは子どもの生活を知らないでは援助のしようがないからです。さらには、子どもの生活のいろいろな現れはかすかであって、気をつけていないと見過ごしてしまいます。特に後者の場合を大人はあまり気にとめることがありませんでした。ですから、「幼児は、すでに積極的な心の生活をもっているのですが、ただ幼児はまだしばらくは自分の発達をひそかに自分自身で骨折らなければならないので、その積極的なものを外へ現わすことができないのです」（前掲書）と言い、「子どもは心の生活をもっていますが、その現われ方がかすかなので気づかれず大人はそうしようと思っていないが、子どもの心の構築計画を台なしにするのです」（前掲書）と述べているモンテッソーリの言葉を私たちの反省として心に留めておきたいと思います。

モンテッソーリの前述の言葉は、内的な精神生命の芽は積極的に伸びようとしながら、なお混沌の状態にあることを言ったものです。幼児の内的な精神生命の伸びようとする芽が混沌の状態にあるということに目を向けて教育することを考えると、幼児をよく見ること、幼児の生活を援助することの二つが重要となります。

幼児をよく見るというのは、前述の混沌のなかから何が現れてくるのかをよく観察することです。そうすることによってのみ、子どもの生命の不思議さを知ることができるからであり、そこから教育の手だても考えられるからです。だから、モンテッソーリも「教育が成功するかどうかは、明らかによりよく生活に奉仕する目的で生命の秘密を理解することにかかっている」(『子どもについて何を知るべきか』)と言っているのです。

幼児の生活を援助するというのは、その生命活動が混沌の状態であるがゆえに援助が必要であるということです。しかし、その援助は、まず子どもをよく観察し、混沌のなかから何が現れてくるのかがわかり、子どもの生命が求めているものを知ることによって可能となります。すなわち、子どもの生命が求めているものを知ることによって、子どもの生活充実への援助ができるのです。

モンテッソーリが教育とは子どもの生活を援助することだと言うとき、その援助とは子どもが自らの生活を十分に生きることができるように援助することでした。言い換えれば、それは子どもの生活を拘束するのではなく、解放することでした。「本当に新しい教育は次の点にあります。まず子どもの発見で、次にその解放です。第一の問題は、子どもの存在そのものへの関心、第二の問題は、彼等が成熟へすすむのに必要な援助を準備することです」（『幼児の秘密』）というモンテッソーリの言葉は、そのことを指しているのです。

子どもの発見と解放というモンテッソーリの思想は、ルソーの教育思想に通ずるものです。ルソーの思想には、子どもを一人の人間として認めようとする考えが根底をなしています。その子どもは一人一人がかけがえのない独自の人間であり、一人一人が価値ある人間として生きていくようにならなければならないのです。モンテッソーリの教育理論もこれと同じ視点から出発し、一人一人の子どもがかけがえのない人間として自ら生きていくことができるように、子どもの生活の援助をすることが説かれているのです。そのことをモンテッソーリは次のように言っています。

だれ一人として、この子に代って成長してやれる者はありません。（『創造する子ども』）

私たちは、子どもがちっぽけな弱い存在だと考えるから子どもを助けるのでは決してなく、創造の大きな原動力を授けられているからこそ助けるのです。（前掲書）

三　子どもの生活と創造活動

教育は子どもの生活を援助することだという場合、彼らの活動に目を向けなければなりません。それは、子どもの生活の姿が最もよく現れるのは、彼らが活動しているときだからです。

子どもは本来的に活動を好みます。モンテッソーリも「子どもは活動を好む」（『子どもについて何を知るべきか』）と言っていますが、子どもは本性上活動する存在であって、彼はじっとしていることができません。このことからオスワルトは、子どもをじっとさせておこうとして抑圧することほど大人の犯す大きな罪はない、としています（『モンテッソーリ教育における児童観』）。してみると、教育においては子どもが活動できるようにすることが大切となります。

子どもの活動は、外見的には身体を使った運動です。しかし、その活動には精神がはたらいています。もともと人間の精神は動くものです。しかも、それは創造しようとして動くのです。だから、オスワルトも「精神は本性上自発的創造的活動である」（前掲書）と言っています。以上のことから言えるのは、創造は活動を通して現れるということです。そこで子どもには可能な限り活動できるようはからうことが大切なのだと言わねばなりません。

創造は古いものから新しいものへ、あるいは無から有への展開であると言えます。そして、この展開は精神の成長でもあります。人間の精神的成長は、古い皮を一枚ずつ脱ぎ捨てながら、その都度新しい段階に達することなのです。この意味で、成長は絶えざる生の始まりであると言ってよいでしょう。

人間の生活はこの絶えざる生の始まりの連続のなかにあります。したがって、人間の生活はまた絶えざる活動を必要とするのです。人間は活動を通して無限に広がっていきます。それは「人間の活動は無限」（『子どもについて何を知るべきか』）だからです。この活動の無限性は、創造の無限性、成長の無限の可能性の前提となるものです。このようなことから、幼児の活動は創造と成長のために開かれているのだと言うべきですし、彼は活動を通して自らの生活を充実させるのです。ですから、大人（保育者）はそのための援助をしなくてはならないのです。

四　生活と自己活動

幼児は活動を通して生活を充実させるということ、そのための援助が重要であることについて前述しました。

ところで、モンテッソーリは、どのような幼児の活動をよしとしたのでしょうか。結論的に言いますと、彼女は幼児に必要なのは自己活動であると考えました。自己活動は、自らの欲するところを自分でやり遂げることですが、この自己活動を通して子どもは自立していくのです。もともと、人間は自分で物事をするように創られているのであって、子どもは人生の初めから自分で物事をやっていく必要があるのです。ところが、大人は、幼児はか弱い者で何もできないのだとか、不器用なのでとか言って、子どもの自立への活動を奪ってきたのです。このことをモンテッソーリは、「大人は子どもの心を押しのけ、自分でその代理をし、不必要な援助と暗示を子どもの心に浴びせかけ押しつぶしました」（『幼児の秘密』）と述べて、大人に警告を発しているのです。

幼児は自己活動することによって、身体的、精神的、知的に成長発達するのです。そして、その成長発達とは、自己活動をする前とは違った新しい地平に立つこと、すなわち古い殻から脱皮して新しい自己に到達したことを意味しているのです。このことはまた、人間としての自立に近づくことをも意味しています。

今日の教育界で口では叫ばれながら実践がおろそかにされがちなのが、自己活動による教育です。モンテッソーリはこのような認識に立って、教育は子どもの自己活動によるのでなければ実りは少ないとしています。彼女によると、自己活動は単なる気まぐれではなく、子どもにとっては真摯なものである、と考えられています。そのことは、「自分でする行為は、意志の表現です」（『モンテッソーリ教育学の根本思想』）というモンテッソーリの言葉からわかります。

モンテッソーリは、誰も子どもに代わって成長できないのだ、と言っていますが、教育の要訣は、子どもが自分で発達するのに必要な援助をすることにかかっているのです。それは物事を自分でするように子どもを助けることです。このことがまた、子どもの生活の充実と自立を助けることにつながると言ってよいでしょう。

幼児が物事を自分でする活動を助けるためには、何よりも子どもをよく見ることが大切です。モンテッソーリが子どもを観察することの重要性を説いていたことについては前述しましたが、彼女が子どもを観察する必要があるとするのは、子どもが何を訴え、何を求めているのかを知るためなのです。すなわち、活動での子どもの呼びかけを知るためなのです。このことをモンテッソーリは、子どもが「ひとりでできるように手伝ってください」と呼びかけているのであって、大人はその呼びかけを知る必要がある、と言うのです。この呼びかけに即応して、大人が子どもの活動を援助することによって、子どもの生活が充実していくのです。このようなことから、幼児に自己活動を確保することが教育の基礎となるのです。

モンテッソーリの願いは子どもを真に生きさせることであり、自立させることでした。そのためには、どのような援助が必要なのかを絶えず追求するようにと、モンテッソーリは訴え続けています。

第5章 子どもの生活の見直し

一 教育要領にみられる「生活」

一九八九年に教育要領が改訂されて新しくなりました。この新しい教育要領の特色は何か。この点をまず考えておきたいと思います。

改訂教育要領の「幼稚園教育の基本」に、「幼稚園教育は、幼児期の特性をふまえ、環境を通して行うものである」と謳われています。これは要するに、幼稚園は「環境」を整えることによって教育するところだ、ということです。つまり、そこには「子どもが生活できる環境づくり」がねらいとしてあるわけです。さらに言えば、保育者と子どもが一緒になってつくり出す環境のなかで、子どもが生活できるようにしてほしいという願いがあるのです。

では、どうしてこのような改訂が行われたのでしょうか。改訂の公表前に、文部省の幼稚園課が全国で教育要領の改訂について説明会を開いています。その際に出された幼稚園教育課程講習会説明資料の中で、なぜ教育要領を改訂するのかという理由を挙げています。そこには、三つの要点があるように思います。

その第一点は、一九六四（昭和三九）年に教育要領を制定してから、もう二〇年以上も経過している。

第二点は、教育内容を示す六領域が小学校の教科のような受けとられ方をしている。これを改めて、新しく五領域とする。

第三点は、幼児を取り巻く環境が大きく変化してきた。特に、この二〇年間に急速に変わってきた。

そしてさらに、この環境の変化に伴って、①幼児が自然と触れ合う場が少なくなってきた、②直接体験が少なくなってきた、③人間関係が希薄になってきた、という三点が挙げられています。

ところで、ここに挙げた「直接体験が少なくなった」ことについて考えてみたいと思います。その一例を次に紹介します。

江の島へ遠足にいく前に、アシカやイルカや水族館の大ガメなどについて話をすると、

「知ってる」「見たことある」と、半数以上の子どもたちがいいました。その中で本物を見たことがあるのは五人か六人。あとは、みなテレビで見たのです。

（『幼児教育学全集8』）

この報告をしておられる保育者も、このようなことが子どもの本当の生活なのかと、疑問を投げかけておられるのだと思いますが、この事例は「直接体験の減少」の現れではないかと思います。

それはともかくとして、これからの日本の幼児教育は、自然な生活のなかで、できるだけ直接的体験を通して発達の基礎を養うようにしなければならないでしょう。そのためには、幼児期にふさわしい環境を用意して、そのなかで直接的な生活体験を通して心身の発達を促していくことが大切です。改訂教育要領ではそのことが説かれている、と読みとれます。してみると、「生活」を重視した幼児教育を進めていくことが求められると言ってよいでしょう。

なおまた、一九九八（平成一〇）年に再び教育要領が改訂されましたが、この改訂においても一九八九年の教育要領におけるのと同じく「生活」が重視されています。

ところで、「生活」を重視した幼児教育の考え方は、これら二つの教育要領公表以前から、西洋の幼児教育史においても、日本の幼児教育史においても、すでにみられます。ただ問題は子どもの「生活」をどう捉えるかなのです。

モンテッソーリも、子どもの「生活」を重視して幼児教育論を展開しました。これは幼児教育の先見性を示すものであり、かつ現代日本の幼児教育の方向と同じ流れをなすものだ、と言えます。そこで、日本の幼児教育のめざすところとモンテッソーリがめざす幼児教育の考え方と共通するところは「生活」の重視にあったとの観点から、子どもの生活を見直し、幼児教育のあり方を考えてみたいと思います。

二　生活による教育とはどんなものか

前述の一九八九年改訂の教育要領も、一九九八年改訂の教育要領も共に「生活」が重視されています。それは、両者に「子どもの日常生活」「生活経験」「基本的な生活習慣」「幼稚園生活」といった表現が多くみられることからわかります。幼稚園では、この生活重視の考え方に従って指導計画を立てて指導しているのが一般的だろうと思います。しかも、それを遊びの指導という形をとっているところが多いのではないでしょうか。しかし、よくみてみると、遊びと言いながら結局のところ、保育者が描いている保育目標を達成するために、子どもが動かされている部分が多かったのではないか、と思います。言い換えると、子どもが「自ら生活している」のではなくて、「生活させられている」保育が多かったのではないか、と思うのです。

そのような例を『「生活」とは何だろう』という本の中から借用してみましょう。

これは〈かたつむり〉を主題にした保育実践なのですが、まず初めに園外保育でかたつむりを取ってくる。それを園に持ち帰って、かたつむりの飼育や観察をする。かたつむりの身体表現をしたり、絵本を見て、でんでん虫の歌をうたう。六月の前半を、子どもはこのような活動をしたわけですけれども、子どもの意識は主題からずれて、興味もそれてしまった。ところが、保育者は週の主題だからということで、かなり子どもをひっぱっていった面があったようであります。

幼稚園や保育所で「させている」保育、子どもの側からすれば「させられている」保育には、このほかにもいろいろなものがあります。

第一に、根性主義の保育です。

たとえば、毎朝マラソンをさせる。そのマラソンを裸でやらせる。保育者は、無理させていません、子どもの健康は考えています、と言うけれども、子どもが寒いと言うと、元気出そうよ、先生も走るからと言って、服を脱がせ、マラソンをさせて、後で「がんばったじゃない」とほめてやるという形で保育が行われる。こういう形の鍛錬というか、根性づくりの保育がみられるのではないでしょうか。

第二に、親切すぎる保育です。

たとえば、子どもが「靴下がはけない」と言うと、「見ていてね」と言いながら、保育者がはかせてしまう。泥んこになって帰ってくると、保育者が水道の栓を開け、手を洗ってやり、拭いてやるなど、本来子どもが一人でできるよう身につけなければならないことを、保育者がやってしまう。そして、保育者は子どもを愛し大事にしていると考えている。このことは素晴らしいことには違いありません。しかし、親切にしすぎて、子どもには本当の生活をさせていない保育になるのではないでしょうか。

第三に、干渉や禁止の多い保育です。

たとえば、食事のとき、「ちゃんと坐りましょう」「はい、手をあわせて」「○○ちゃん、お口いっぱいでしょう。行儀わるいよ」「立って歩かないで」など、言葉が多すぎることがあります。これは子どもにしつけや生活習慣をつけようという意図があると思いますが、結局はそれが干渉や禁止になっていることが多いのです。

また、怪我をさせてはいけないとか、大事な物はこわれると困るので触らせないでおこうとして禁止することもあります。

テープレコーダーって、おもしろいな。
みんながさわりかけたら
先生が、
「さわってはいけません」
って言うた。
おもしろいなあ。
さわりたいなあ。
ぼく、ちょっとさわりかけたら
「いけません」
って言われた。
さわっていけないんだったら、
もっと高いところへもっていけ。

（吉岡たすく『幼児教育』）

先生があまり禁止すると、子どもがこういう言い方をするようにもなるのです。ここには、子どもの心内に反抗の芽ばえがみられるのではないでしょうか。

第四に、言わせる保育です。

幼稚園や保育所ではよく紙芝居をしますが、紙芝居が終わると「センセイ、ドウモ、アリガトウゴザイマシタ」と、子どもたちがいっせいに言う。素話の後でも「センセイ、アリガトウゴザイマシタ。マタ、オネガイシマス」と言わせる保育を見ることがあります。

また、子どもが登園後、自由に遊び、音楽が流れると園庭に集まる。すると園長が「みなさん、おはようございます」とあいさつする。次に、主任の先生が出て、また「おはようございます」と言う。その度ごとに、子どもたちは「エンチョウセンセイ、オハヨウゴザイマス」「〇〇センセイ、オハヨウゴザイマス」と言うのです。そして、保育室に入って、いよいよ担任の先生と向かい合って、「センセイ、オハヨウゴザイマス。ミナサン、オハヨウゴザイマス」なのです。

このように何度も「おはようございます」と言っているのです。ここには、新鮮さがどれほどあるでしょうか。

第五に、役割をわりあてる保育です。

保育のなかでは、子どもたちに役割を委ねることがよくあります。たとえば、当番とか係りの仕事などが考えられます。このような場合、保育者からみてリーダーシップがとれると思われる子どもにリーダー的役割をさせるという傾向がよくみられます。これでは知らず知らずの間に、役割をわりあてる保育になっていくと思うのです。

この保育が進められると、いつも中心的役割を担う子どもと、追随する子どもに分かれるようになることが考えられます。幼児教育においては、社会性のある子ども、自立する子どもの育成をめざしますが、前述のような役割をわりあてる保育を安易に考えていると、社会性や自立心を育てることにはつながりません。したがって、役割をわりあてる保育では、子どもに何を育てようとしているのかを見定め、子どもの動態をよく見る必要があります。

以上のことは、『「生活」とは何だろう』という本に依拠しながら、それに私見を加えて述べたものですが、このいくつかの例から言えることは、外見上は幼児が生活しているようにみえながら、その実は本当の生活をさせていない保育があることです。そういう保育においては、子どもが生活していく人間として遇されていないと言ってよいのです。

子どもは生活の主体者でなければなりません。このことはすでに多くの人によって言われてきたことですが、私たちはついそれを忘れてしまいます。ですから、いつも子どもの生活を問い続けることが大切なのです。

だとすると、子どもの生活とはいったいどのようなものと捉えたらよいのでしょうか。それは、子どもが主体的に生きている生活だ、と言ってよいと思います。言い換えれば、子どもが自分の生活を自分で生きている生活だ、ということです。

もし、子どもが自分の生活を自分で生きているとすれば、その子どもの目は輝いていると思います。たとえば、子どもが何かに一心に没頭し、それをやり終えたときの目は美しく、顔も晴れやかです。このことについて、モンテッソーリは、子どもが仕事に打ち込んだときには、疲労が残っているのではなく、むしろ快活でさえある、と言っています。それは、子どもが本当に自分の生活を自分で生きているとき、その現れが目の輝き、晴れやかな顔として見られるのだということです。ではなぜ、目の輝き、晴れやかな顔が見られるのかというと、自分の生活を自分で生きていると、そこには充実感があるからです。

充実感のある生活は、長い時間でも短く感じられます。反対に、受け身であったり、イヤイヤしている生活は、時間が長く感じられます。それは充実感がないからです。感動がないからです。

このようなことから、保育においては子どもにも充実感や感動がある生活をさせる努力をしたいと思います。しかし、いつも充実感があるとは限りません。毎日、感動のある生活であってほしいと願っていても、毎日がそうだとは限らないのです。それは、子どもの側に問題がある場合もあるでしょうし、保育者の側に問題があるのかもしれません。したがって、毎日、充実感と感動のある生活をさせるというのは容易ではありません。しかし、保育の願いは、充実感と感動ある生活を通して子どもが豊かな人間に育っていくよう援助することなのです。

そのためには、子どもが主体となる生活、言い換えれば、子ども自身のものとして、子どもの心のなかにくい込んでいく生活をさせる保育を追求し実践していくことが求められているのです。

三　子どもが生活するには、どのようにしたらよいか

子どもの心にくい込むような生活が大事だとすれば、どのような保育をしたらよいのか、ということが問題になります。このことについては、次のようなことが考えられます。

▼幼稚園・保育所を、子どもが安心して活動できる場所にする

この考え方は、現行の教育要領に示されている「よい教育環境を創造する」ことにつながっていきますが、モンテッソーリが環境整備の大切さを説いていることと関連している

のです。ここに言う両者の「環境」は、子どもが安心して活動できる場所としての幼稚園であり、保育所でなければならないということです。この点で、教育要領の考え方とモンテッソーリの考え方とには共通するところがあります。

さて、モンテッソーリは、子どもは、大人によって妨害されない安らぎ、自由、安全な場所が与えられて初めて、自己を打ち明かすと言っていますが、子どもは大人から妨害されないということが大事です。たとえば、前述した親切すぎる保育者は、ある意味で子どもにとっての妨害者でもあるのです。

私たち人間が生きていくためには安らぎが必要です。むしろ、人間が生活のなかで一番求めているのは安らぎだと思います。それは子どもも同じです。安らぎを得る一番の場所は家庭でしょう。つらいことやいやなことがあっても家に帰ると、家族が待っていてくれて、慰めてもらえると人間は安らぐのです。うれしいとき一緒に喜んでくれる家族がいると安らぐのです。しかし、そういう家庭が壊われていくと、人は家庭に帰りにくくなってきます。それは、自分の居場所がなくなってしまうからです。

人間は不安になったり、悩んだりするものです。そういうとき、誰かが自分を受けとめて、温かく包んでくれる、また心にしみる言葉をかけてくれるということがあれば、安らぎが得られ生きる勇気がもてるようになります。それは子どもも同じであり、彼らは言葉で表現しないけれども、やはり安らぎを求めているのです。

子どもが安らぎを求めているとすれば、幼稚園・保育所は安らぎの場でなくてはなりません。すなわち、子どもが登園してきたときから、安心して活動ができる場でなくてはならないのです。そのためには、幼稚園・保育所を、子どもにとっての〈わが家（ハイム）〉にすべきだと思います。〈わが家〉とは、人間が最初にいろいろなことを体験して、いつでもそこに帰っていくところのことで、人間が原体験のできる場所だと思います。ですから、幼稚園や保育所を〈わが家〉にするということは、園を人間としての原体験のできる場所にすることだと言えます。さらに、これを広げていきますと、園を「郷土」にすることだと思うのです。

郷土（ハイマート）というと、すぐに大自然を含めて人間を取り巻く大きなものと考えがちですが、子どもにとっては、〈わが家〉という原体験のできるところから広がっていくものだと思います。このことを教育学者エッガースドルファーは、その著『青少年陶冶』において、「幼児の生活空間は、せまく限られ、室の郷土があるだけ。戸口からすぐ他人のところが始まる。体験のゆたかな遊戯時代、とくに晴れやかな光にあらわれるのは、家の郷土、屋敷の郷土、路地の郷土がある」と言っています。

エッガースドルファーは、わが部屋、隣とは一線が画されているわが家、わが屋敷、わが路地、これこそが子どもにとっての郷土なのだ、と言うのです。そして、郷土をこのように捉えていくと、子どもの精神に収められた内容は、父母の愛、若者の友情、母国語、ふるさとの歌、ドイツ風とその活動、郷土の道義、郷土の信仰などだ、と言うのです。このように説いて、エッガースドルファーは、「そのような財は、人に喜びと誇りと献身をよびおこす。わたしの故郷、わたしの祖国、わたしの信仰という、その『わたし』という小さな言葉の底にある喜びと誇りと献身、それを体験させねばならない」（前掲書）と言っています。

しかし、郷土は、郷土について老人が思い出にふけるようなものであってはならない、ともエッガースドルファーは言います。それは、昔はよかったというような単に懐古的で思い出にふけるだけのものであってはならないということです。むしろ、それは、教育は郷土の体験と関連させつつ、郷土の精神――精神的風土――を伝え、いつも、郷土を見直すようにさせるものでなければならないということです。このことからエッガースドルファーは、郷土科は生活科である、とするのです。

幼稚園や保育所を郷土の体験ができるところにするならば、それは生きた生活保育をしていることになります。たとえば、大都市にある幼稚園であっても、朝焼けの空を見る、夕立ちと雨あがりの様子を見る、プランターに咲いている花を見る、あるいは夕日の光景を見る、こういうことによって、わが〈ふるさと〉を子どもに体験させ、感じとらせることができます。郷土の保育はむずかしいと考えられるかもしれませんが、そうではありません。子どもが生活している、そこにこそ、郷土があるのだ、と考えなければならないと思います。

▼子どもをよく観察して援助する

どの幼稚園・保育所にも、積極的な子ども、消極的な子ども、よく話す子ども、もの言わぬ子どもなど、さまざまな子どもがいますが、どの子どもも助けを求めているときがあります。また、何かに興味をもったり、疑問を抱くときがあります。保育においては、そういうときに援助の手を差しのべることが大切だと思います。

教育要領では、「幼児一人一人の特性に応じ、発達の課題に即した指導を行うようにすること」とか、「一人一人の幼児が興味や欲求を十分に満足させるよう適切な援助を行うようにすること」と言われています。モンテッソーリも子どもの個の確立という視点から、子どもの成長発達を促す援助を考えていました。しかし、子どもの成長発達を助けるためには、まず子どもの観察が必要です。

私たちの生活は予定どおりにいくとは限りません。むしろ、生活には予期しない出来事があります。これが生活の相というものです。

この「相」という字は、「木目」（モクメ）に通ずると思うのです。「木目」は年輪によってできます。年輪を見ますと、どの木の年輪もみな違います。それは、冬の長短や寒暖の差、夏の暑さの差、雨の多少、自生している場所の違いなどで、年輪のでき方が違うからです。樹木はけじめのところを年輪で示してくれているのです。そのけじめのところが「相」になっているのです。しかし、樹木は、こう育ってやろうと思って育ったのではなく、自然のはたらきの影響を受けて育ち、「相」をつくったのに違いありません。私たちも、生活のなかでの予期しない出来事を体験しながら成長してきている、と言えます。

幼稚園や保育所の保育の場で、言い換えれば、子どもの生活のなかで、予期しないことが起こります。保育においては、この「時」をいかに生かすかが問われているのです。すなわち、保育者には、予期しない出来事を生かしていく目をもつことが求められているのです。というのも、この目をもっていなければ、子どもへの援助の手が差し伸べられないからです。それゆえに、子どもをよく観察することが肝要なのです。

以上要するに、子どもの成長発達のために、生活のなかでの予期できない出来事を生かし援助するにはどうしたらよいかを考えて、保育に取り組む努力が必要なのです。

▼子どもに驚きと発見の体験をさせる

保育のなかに驚きと発見があるほど、それは幼児の心をゆり動かす生活体験となります。そこで、驚きや発見の体験ができるように幼児を援助する保育が大切となるのです。では、どのように援助したらよいのでしょうか。

その第一は、教材の準備をしっかりとすることです。

幼稚園や保育所では、教材用としていろいろな物を集めているところがあります。しかし、集めてはいるがそれらを活用しきっていない園が多いようです。どの園もだいたい使い方が同じなのです。そこで、こうした物を生かし教材化するためには、子どもが降園した後、保育者が工夫し、自分のアイディアで試してみて、子どもが驚き発見するようなものを準備するよう努めることです。

第二に考えられるのは、子どもへの言葉かけです。

たとえば、子どもが生活（活動）のなかでどうしてよいかとまどっているときなどに、言葉をかけて新しい道を子どもが見つけ出していくように導くことです。また、子どもが新しい発見をして喜んでいるときには、共感の言葉をかけることも大切です。子どもたちは、保育者からの励ましや共感の言葉かけを受けて成長していくからです。

第三に考えられるのは、子どもにていねいにかかわることです。

保育者は多くの子どもにかかわっていますので、一人一人の子どもをよく見ることはなかなかむずかしいものです。しかし、一人一人の子どもの動きを見て、ていねいにかかわることが大切です。そのためには、子どもの行動を記録しておくのもよいと思います。大切なことは、あせらず時間をかけてかかわることなのです。

ところで、驚きと発見は、物事を「知る」基礎です。幼児期の子どもにとっても、「知」は獲得され蓄積されていくものです。したがって、私たちは、この「知」の入口を開く助けをしなくてはならないのです。子どもは、この助けを受けて「知る」「わかる」「おもしろい」という体験を深めていきます。エッガースドルファーが、「人間形成は、本来、知の取得によっておこる」（前掲書）と言っていますが、これは重要な指摘です。

子どもが物事を知ることを深める保育は大切です。ここにいう「知る」とは、子どもにとって何かが新しく知られることであり、それはおもしろかったという体験をすることです。こういうことが基盤となって、子どもの内面的感性が豊かになっていくのです。そして、豊かな感性に支えられた「知」を深めることによって人間が形成されていくのです。

このようなことから、これからの保育は、子どもの「知」の門を開き、人間形成を図るために驚きや発見のある保育を実践することが求められているのです。

さて以上において、子どもの生活が充実する保育のあり方について述べてきましたが、何より大切なのは保育者の人間観・子ども観です。

ロシアの作家ゴーリキが『どん底』という戯曲を書いていますが、彼はその中でサーチンという人に「人間はなんのために生きてるんだね？」と問わせて、「人間はみんな、よりよき人間のために生きてるんだよ！」と言わせています。そして、続いて次のように言わせています。私たちが、人間や子どもについて考えさせられる内容だと思いますので挙げておきます。

生きている者はお前さん、みんな、よりよきもののために生きてるんだよ！だからこそ、どんな人間でも、尊敬しなけりゃならんのさ……だって、それがどういう人間で、なんのために生きて来て、何をしでかすことができるか、それは、わしらにはわかってないんだからね……ひょっとするとその人は、わしらを幸福にするために生まれて来たのかも知れないし……また、わしらに大変な利益を与えるために生まれて来たのかも知れないからね！……とりわけ、子供というのは、尊敬しなくちゃならん……小さい子供はな！　小さい子供たちには―ひろびろとした自由というものが必要だ！お互いに、子供の生きる邪魔をしてはならん……子供は尊敬しなくちゃならん！

第6章

モンテッソーリ教育における自由と秩序

一　自立的人間育成の必要性

現代は物の豊かな時代、とりわけ飽食の時代だと言えます。また、情報科学の時代とも言えるでしょう。しかし、私は、ここでは現代は人間が時間に追われて、自分を見失っている時代である、と捉えたいのです。というのも、現代は物が豊かになり、生活も豊かになってきましたが、私たちはなおよい暮らしを求めて、時間に追われている、と言えるからです。

この時間に追われる風潮は、子どもにまで及んでいます。たとえば、将来のために今は辛抱して学習をしておきなさいということで、子どもは学習に追われています。よく言われることですが、学校から帰宅すると学習塾に行き、学習塾から帰宅すると宿題をすませて就寝するという忙しい生活をしている子どもが多いようです。こうして子どもたちも時間に追われているのです。

以上要するに、大人も子どもも時間に追われて、自分を見つめ、生きるめあてを見失ってしまっている。これが現代の様相ではないかと思います。

ドイツの文学者ミヒャエル・エンデが『モモ』という作品を書いています。エンデは、この『モモ』の中で、時間を失ってしまった現代人を描いています。この作品の初めのところに、およそ次のように書かれています。

むかし、むかし、あるあたたかい国々にりっぱな大都市があって、そこでは広場で人々がおしゃべりをしたり、演説に耳をかたむけたり、また生活を楽しむ円形劇場もあって、町は活気に溢れていた。しかし、それ以来、幾世紀もの時が流れて、大都市は亡び、大劇場も廃墟と化した。そして、人々は生きることとの感性を失って生きているのである。

人びとが生きることとの感性を失うようになったのは、正体不明の時間を盗む灰色の男たちに時間を盗まれて、人びとが自立的に生活できなくなってしまったからです。現代人をこのように描いて、エンデは、人間は自分の時間を取り戻して自立的に生きることが必要なのだ、と説いているのです。しかし、ここに言う時間とは、時計で計れる物理的時間ではなくて、人間の内なる精神的時間とでも言うべきものです。してみると、エンデは、現代は自立した人間の育成を必要としているときであることを、私たちに教えてくれているのだと思います。

児童文学者である灰谷健次郎の著作に『優しさとしての教育』があります。この中で灰谷は、子どもの教育は子どもの自立を助けることである、としています。この考え方は、エンデが人間の自立の必要性を説いたのと符合します。

これらのことを考えあわせると、今日、自立を促し続ける教育が必要です、モンテッソーリも子どもの自立を助ける教育を主張しました。そして、自立を助ける教育には何よりも自由が大切なのだと強調しました。そこで、教育における自由について考えてみたいと思います。

二　教育における自由

ドイツの生の哲学者にして文化教育学者エドゥアルト・シュプランガーは、その著『教育学的展望』において、「自由の精神で教育しようとする人は、まず一度は自由とは何かを知らねばならない」と言っています。そして、シュプランガーは、人間と動物とを比較しながら、自由の問題を論じています。
彼は、次のように考えています。

一般に、動物は自由であると考えられている。しかし、動物は本当に自由なのであろうか。動物は自分の生活を営むためには、実は拘束されている。すなわち、生きている環境に拘束されて、本能的に生きることしかできないのだ。動物は、一見自由に生きているようにみえるが、その実、不自由な生活をしているのだ。

それに比べて、人間は生きている現時点において、自分のおかれている状況や願望によって、自由に自分の好きなことを為しうると考えている。しかし、人間は本当に自分の好きなことができるのであろうか。むしろ、人間は自分の素質や境遇などによって制約されているので、全くの自由はもたない。（前掲書）

シュプランガーは、このように考えるのです。しかし、彼は「ところが、人間は生きているこの場所、この時間、すなわちこの環境を自己に取り入れて、自己をこの世界に組み入れて思考することができる」（前掲書）と言っています。そして、人間はこの世界にあって、この世界の制約を受けながら、この宇宙世界の出来事や秩序の奥深さを知って、どのように生きるべきかを思考し、学び取っていくのである、としています。シュプランガーのこの考え方は、人間の思考には何ものにも拘束されない自由があることを示唆するものです。ですから、彼は「この思考が動物的な狭さから、人間を解放する」（前掲書）と言っているのです。

これは非常に重要な表明です。自由には、良心の自由、宗教の自由などがありますが、シュプランガーは、人間は自由に考えることができるし、そのことによってより人間らしくなるとしているのです。この意味で、子どもに自由に思考させる教育が大切となるのです。

三　モンテッソーリ教育における自由

モンテッソーリは教育における自由を強調した人です。モンテッソーリ教育思想の根底には、〈子どもの自立を援助する〉という考え方があります。それは、子ども一人一人が独力で立ち居振る舞いができるように助けるということです。というのも、人間は独力で行動することによって自立した人格となる、と考えられるからです。とはいえ、子どもが独力で行動できるためには自由が必要なのです。

そこで、子どもが自由を必要とすることを、モンテッソーリ教育の研究者であるリラードの解釈を借りて考えてみましょう。

その一は、子どもは自由な活動を必要としているということです。

モンテッソーリは、子どもは身体的にも精神的にもすべての能力において、無の状態で生まれてくると捉えていますが、この子どもが環境とかかわりながら、身体活動をすることによって自分を築いていくのです。とりわけ、子どもの筋肉運動（活動）は、子どもが自己を形成していくのに大きな助けとなります。ですから、子どもは生まれてくると、絶えず手足を動かすのです。これを、子どもは動こうと努力しているのだ、と言ってもよいでしょう。子どもは動こうと努力しているなどと言いますと、とんでもないように聞こえますが、子どもは努力と思わないで努力しているとみてよいのです。

言い換えますと、子どもは自分の力でできるように努力することを惜しまない。これが子どもの特性である、と言えます。この特性によって、子どもは努力して自分をつくり上げる仕事をしているのです。ですから、大人が子どもに代わって、この仕事をすることはできないわけです。むしろ、自分をつくり上げるこの仕事は、この世に生まれてきた子どもが運命的に背負っている仕事なのです。この仕事を子どもは自分でしなければならないわけです。ですから、モンテッソーリは、「人間は自分ひとりで行為しない限り、独立した人格とはなりません」（『平和と教育』）と言っているのです。この意味で、子どもの活動を抑えてはなりません。むしろ、子どもは自由な活動を必要としているのです。したがって、保育者は子どもに活動の自由を用意しなければならないのです。

その二は、子どもは自由のなかで注意力を集中させるということです。

子どもがある段階になりますと、注意力を集中する現象がみられます。この集中現象はいつもみられるとは限りませんが、子どもが環境のなかにある何かに興味をもったときに、注意力を集中して活動するという現象がみられます。ですから、子どもが自我全体を興味に引き込まれて活動できる環境を構成することが重要となってくるのです。というのも、注意力を集中して活動することによって、子どもの能力が伸び、自我の発達が促されるからです。

前述の意味で、保育においては、子どもの興味が基本となる、と言えるでしょう。興味によってゆり動かされて、注意力を集中する体験が増えるほど、子どもには〈知っていること〉が蓄積されます。このようにして、子どもは知性を磨く基礎を築いていくのです。また、知的興味が満たされますと、子どもは以前より落ち着きが出てきます。モンテッソーリは、この点に注目して、より多くのことを知っている子どもは、知ったことの不思議さ・奥深さにうたれて驚きの世界を体験し、徐々に落ち着いてくるし、自己コントロールができるようになる、と言っています。このように落ち着きと自己コントロールができるようになって、子どもは自立への歩みを始めているのです。

以上のことから、注意力が集中できるようにする保育には、子どもにとっての興味が起こる環境整備が大切ですが、それに加えて、自由な雰囲気のなかで、子どもが自由な時をすごす保育が望まれます。保育者の監視の目が光っている保育室では、子どもが自由に活動しているようにみえても、その実は子どもにとっては自由感がないことが多いのです。

本当に落ち着いた自由な雰囲気のなかで、子どもが自由な時をすごせるならば、子どもは何かに注意力を集中させて活動することができるのです。このためには、子どもには自由が必要なのです。

その三は、子どもは意志のはたらきをもっているということです。

個人差はありますが、子どもが注意力を集中して活動することができるようになりますと、子どもに意志のはたらきが発達してくる、とモンテッソーリは考えています。子どもが注意力を集中して活動するためには、興味や関心のあるものに取り組むことが前提になります。しかし、興味や関心があればよいというものではなく、興味や関心のあるものに取り組もうと自分で決め、行動に移すことが大事なのです。というのは、何であれ自分の意志で決断し行動するというのでなければ、生みだされるものが少なく、得るものも少ないからです。

したがって、保育者が留意すべきことは、子どもに何かをさせようとして強制したり、大人の思いどおりにしようとしないことです。それは子どもの意志が伴わない限り、その活動には、実りが少ないからです。言い換えると、子どもの自由意志による決定でない活動は、子どもの発達や内面的精神形成には十分なはたらきをしないということです。

ですから、モンテッソーリは何よりも子どもの選択の自由を強調したのです。選択の自由は、意志による決断が前提になっています。自分の意志で自由に選んだ活動をやり遂げることによって、子どもは満足します。そして、この満足できる活動を、子どもは繰り返す必要があります。このことによって子どもは自己訓練しつつ、人間的に成長していくのです。以上のようなことから、モンテッソーリは、子どもの意志の自由を重視するのです。

その四は、子どもには創造力が具わっているということです。

創造力は、一般的には、環境との相互作用のなかで、子どもの知的な受容力として発達してきます。子どもはなんらかの形で自分を取り巻く環境とかかわらなければなりません。環境とのかかわりに応じて、何かが子どものなかに受け入れられます。しかも、それは知的に受け入れられるのです。

たとえば、氷を環境の一つにすることが考えられます。冬の庭園にみられる氷を割って、その割れ目を見せるのもよいでしょうし、氷の溶けていく様子を見せたり、次の日また氷になっているのを見せるのも一つの方法です。このことによって、水の変化のめぐりの姿を知らせることになるでしょうし、氷が魅力ある現実のものともなるのです。

ここで心に留めておきたいことは、このような魅力ある現実の環境と向き合うことによって、子どもは「物」のきわだった特色を抽象化したり、「物」をイメージ化することが容易になるということです。それは、子どもがもっている創造力を養う体験をさせているのだとも言えます。

しかし、この創造力を育てるためには、自由がなければなりません。子どもが不思議な世界を体験する自由がなければならないのです。子どもは不思議な世界に興味をもって現実的に体験することによって、自分の力で創造していくのです。創造にとって大切なことは、自分の力でアイディアを出し、何かを生みだす自由が必要だ、ということです。したがって、創造は他者から指示されたり、抑えられた行為からは生まれにくく、むしろ失敗を繰り返しながらも、自ら発見していくところにある、と思います。

以上において、子どもが自由を必要とすることについて、リラードのモンテッソーリ教育の解釈に依拠しながら考えてきました（『なぜ、いまモンテッソーリ教育なのか』）。しかしながら、前述の諸点は互いに関連しています。たとえば、創造力の発達は、子どもが自由に活動することによって可能であり、自由な活動は子どもの興味とかかわっています。また、子どもの興味は注意力の集中とかかわっています。さらには、自由意志による活動が創造力を養うのです。このように前述した四つの点は互いに関連しているのですが、そこでは、自由が中心となって関連しているとみてよいでしょう。ここに保育における自由の大切さがあります。

四　モンテッソーリ教育における秩序

モンテッソーリは、自由と同じく秩序を重視しました。彼女は、幼児はすでに秩序への感受性をもっている、と捉えていますが、これは自然が子どもに秩序への感受性を授けていることを示すものであり、したがって、子どもは秩序への感受性をもって生まれてきているのだ、ということです。

それならば、子どもの秩序への感受性について、モンテッソーリはどのように考えていたのでしょうか。

まず、一つは、子どもは外界の秩序を敏感に感じとるということです。

これは、子どもが環境の秩序を好むことで示されます。たとえば、子どもは同じ物をいつも同じ場所に見つけることを喜び、物がいつもある場所にないと不安になったり、また自分で物を元の場所へ戻そうとします。このようにして、子どもは環境のなかのどこに何があるかを知り、やがて部分と部分の相互関連に気づいていくのです。そして、やがて環境全体と部分の関係がわかるようになるのです。ですから、モンテッソーリは、「秩序とは、身の周りの勝手がわかっていて、細かい点まで承知していることです。よく知っている所でなければ、心の安定は得られません（『幼児の秘密』）と言っています。

また、外界の秩序には時間的秩序があります。たとえば、朝・昼・夜というめぐりの秩序があります。さらには、四季の移り変わりがあります。この四季の移り変わりに応じて、気温の変化、草花・果実や自然の変化を子どもに感得させることができれば、子どもは時間のめぐりの秩序を知るようになります。

二つめは、子どもには体内の秩序感があるということです。

モンテッソーリは、生後間もない子どもにも体内の秩序感がある、と言います。たとえば、子育てを託されていたある女性が、用事のために、他の女性にその子育てを代わってもらった。その女性が湯浴びをさせると、子どもは激しく泣いた。やがて、初めの女性が帰ってきて、湯浴びをさせると泣かないで穏やかな子どもに戻った。それは、湯浴びをさせるときの二人の女性の手の使い方が違っていたからであった、とモンテッソーリは言っています。

この例は、幼い子どもにも体内に秩序感があることを示すものです。と同時に、秩序感はかき乱されることがなくなれば、自然の状態に戻ることが示されています。

また、体内の秩序感は体を使うことによって強められます。たとえば、こわれる可能性のある本物のコップを洗ったり、運んだりすることによって、子どもはそれをこわさないように注意深くなる訓練をします（『モンテッソーリ教育学の根本思想』）。これは自分の意志によって、自分の身体をコントロールすることを学んでいるのです。こうして身体をコントロールできるようになれば、それは子どもにとって行動の秩序感が強められ、行動の秩序が体得された、と考えられます。

しかし、このように行動の秩序が子どもの体内に確定していくためには、保育者が大切な点はきちんと押えて、ていねいに指導することが求められます。

五　自由と秩序

モンテッソーリ教育における自由と秩序について前述してきましたが、自由と秩序とはどのような関係にあるのでしょうか。これを結論的に言いますと、自由と秩序とは別の事柄ではなく、互いに結びついている、と言えます。

この両者の結びつきは、「動くこと」（活動）を中心としています。モンテッソーリは、子どもは生まれたときからすでに活動的な精神的生命をもっている、と考えていますが、これは、子どもは活動によって完成されていく未来のパーソナリティの設計図をもっている、ということなのです。ですから、子どもは「動くこと」によって、人間として成長していく、とモンテッソーリは考えるわけです。しかも、この動きは自由なものでなくてはなりません。自由な動きを通して初めて、子どもは生き生きと自立的に成長していくのです。

秩序感もまた、子どもが自ら「動くこと」によって深まっていきます。さらに言えば、じっとしているのではなく、自由に活動することによって子どもは自然に秩序を身につけていく、と言っていいでしょう。この意味で、モンテッソーリは、「子ども自身が、教育の中心点でなければならない」（『平和と教育』）と言うのです。しかもまた、なにびとも秩序を外から注入することはできず、子どもが自ら活動することによって身につけていくほかないのです。だから、子ども自身が自由に積極的に活動しながら、秩序感を深めていく必要があるのです。このようにして、自由と秩序とは「動くこと」を中心として結びついています。別言しますと、自由と秩序とは、「動くこと」を介して表裏一体の関係にある、と言えるでしょう。

とはいえ、自由に基づいて子どもの活動を重視する保育が大切です。しかし、自由は尊重されるべきですが、自由の名のもとに子どもを放任してはなりません。モンテッソーリは、「自由がなければ、人間性の発達は不可能です」（前掲書）と言って、自由の大切さを強調しました。けれども、「子どもを自由にすると言って、ただ放任するだけでは教育上の誤りがあります」（前掲書）と断言しています。シュプランガーもまた、「子どもを全く自由に放任する人は、もはや子どもを教育していない」（『教育学的展望』）と言って、子どもを放任することに対して警告を発しています。

こういう誤りを犯さないために、保育者は子どもをよく観察しなければなりません。というのは、この観察による保育が子どもの人間的人格形成につながるものとなるからです。子どもの人格について、モンテッソーリは、「子どもの人格は、いつも全体として活動している」（『モンテッソーリの発見』）と言っています。それは、子どもの具えているものすべて、すなわち知性・知覚・記憶・感情・意志、それに身体と魂が、一つの統一のもとに一緒に働いているところに人格がある、とするからです。

これを教育学的に言いますと、人格は全体的人間（全人）として現れる、ということです。してみると、モンテッソーリが自由と秩序を重視したのは、全体的人間（全人）の育成をめざすものだった、と捉えることができるでしょう。

人間は、全体的人間であることによって初めて、自立的になりうるのです。モンテッソーリの教育思想は、全体的人間になりうる子どもが今ここにいるということを認めることに根ざしています。しかも、全体的人間の育成は、モンテッソーリにとっては、人間の未来社会に希望の光をもたらすものだ、と考えられていたと言えます。というのも、前述のように全体的人間にして自立的人間たりうるからであり、自立的人間にして初めて、未来に光をもたらすことができるからです。

以上のように考えて、モンテッソーリ教育における自由と秩序の問題は、つまるところ全体的人間を育成し、未来社会に光をもたらすことをめざしたものであった、と私は捉えています。

第7章

個の確立と社会的人間の育成

一　生きる基礎としての個の確立

現代社会に一番求められているのは、自力で生きることのできる人間でしょう。この人間は、ある意味で個の確立した人間のことだ、と言ってよいと思います。しかし、個の確立した人間は、時間をかけた地道な育成によって形成されるのです。そして、この育成の営みが教育なのです。

さらに、この人間育成は、育ちゆくものの根っこづくりと言ってもいいでしょう。それはまた、人間形成の強い根をつくる教育だと思います。しかも、この根っこづくりの教育は、幼児期から始められるべきでしょう。そして、この幼児期から始められる教育は、前述の個の確立をめざしての実践が望まれるのです。

元来、人間は生まれながらにして、人間性を発揮して自分で生きる力を持っているので、この力を十分に発揮するようになると、個の確立がみられます。そこで個の確立ができるよう助けるところに、幼児教育の基本があると言うべきでしょう。

モンテッソーリは、個の確立をはかる教育を強調する思想家であり、次のように言っています。「子どもは、われわれを輝かしい未来へ導くことができるところの計り知れない力を与えられているのです」（『創造する子供』）。子どもに与えられているこの力は自ら働き伸びようとします。しかも、その伸びようとする働きは、自然の摂理（法則）に従っているのです。子どもは、この自然の摂理によって、自分をつくり上げてゆかねばならないのです。すなわち、他者が子どもに代わって成長することはできないのです。

ところで、子どもは自らが自分をつくり上げなければならないのですが、それは、自ら活動することによって可能となります。しかも、その活動は自由な活動が望ましい。それは自由な活動によって初めて、子どもが生きる基礎としての個の確立を自力で遂行してゆくからです。

二　個の確立のための自由

前節において、個の確立した人間育成が望まれていること、そのためには子どもが自由に活動できるようにすることの重要性について述べました。

ところで、子どもが自由に活動できるようにするとは、彼らを抑圧したり、おどかしたりしてはいけないことを意味しています。というのは、抑圧されたり、おどかされたりすると、子どもは生き生きとした人間にはならないからです。従来、子どもの教育という名のもとに、子どもを抑圧したり、おどかすことが行われてきました。その結果、萎縮した人間、いわゆる小さな大人を生みだすことが多かったのです。萎縮した人間は、生き生きとした人間にはなりえません。このことから、何よりも子どもから抑圧感を払拭することが重要なのです。

すでに早く、こうした点に着目して子どもの解放を訴え、彼らに自由を与えようと提唱したのがルソーでした。彼は、その著『エミール』において、

①自然が子どもたちに与えている力をすべて存分に発揮させてやるべきである。

②何ごとでも肉体上必要なことにおいては、子どもたちを助け、知力、力などで欠けているものは補ってやらねばならない。

③子どもを援助するときは、実際それが必要なときだけに限ることとし、決して気まぐれや理由のない欲求に同調してはならない。

④子どもたちの言葉や表情を注意深く研究しなければならない。

という四つの教育上の原則を挙げています。そのうえで、ルソーは「これらの規則の精神は、子どもたちにより多く真の自由を与え、（中略）より多く独力でするようにさせ、他人の助けを要求することをより少なくさせることである」（前掲書）と述べて、子どもに自由を与えることを説いたのです。

ルソーが子どもに自由を与えることを説いたのと同じく、モンテッソーリも子どもに自由を与えることを主張しています。すなわち、彼女は「自由がなければ、人間性の発達は不可能です」（『平和と教育』）と言い、「自由は、個体に自己実現への無限の可能性を与え、人間にとっては完全な発達への始点となる」（前掲書）とも述べて、自由の必要性を説くと共に、幼児教育において子どもに自由を与えることの大切さを強調したのです。

さて、子どもに自由を与えるとは、子どもの自由な活動を確保し、彼らが一人で何かをなし遂げるように援助することです。子どもにとっては、自由な活動は真剣で厳粛なものです。

モンテッソーリは、子どもの自由な活動を重視していますが、その自由な活動には次のような特質が考えられます。

その一は、子どもは活動することによって、四肢を使うということです。自由な活動であるほど、子どもはよりよく四肢を使います。四肢を使うことによって、子どもの身体的発達が促されますし、多くの能力を獲得し、多くの学びをします。たとえば、手で物に触れたり、つかんだり、持ち上げたりすることによって、手の多面的機能能力を獲得するだけでなく、物の形・重さといったことについても学び取るのです。また、足は歩行に使われますが、歩行によって脚力が強まるだけでなく、歩行による移動によって子どもは周囲の環境世界を体験します。

その二は、子どもは活動によって、感覚と知性を磨いていくということです。前述のごとく、活動は四肢を使うことでもありますが、四肢を使うとき、目や耳などの働きを連動させて、感覚を鋭敏にさせつつ、他方では思考力、判断力をも養っているのです。してみると、子どもに活動させることの大切さがわかります。

その三は、子どもは活動によって満足感を得て、自立へ向かうということです。自由な活動であるほど、このことはいっそう強まります。モンテッソーリ教育においては、子どもが選んだ活動を好きな場所でやり遂げることがめざされています。子どもはこの自分の活動をやり遂げたとき、満足感を味わいます。そして、この満足感を味わうことによって内面的浄化（カタルシス）があり、子どもは心の平静を得ることができます。それと同時に、成就感による自信によって、子どもは自立へと向かうのです。

自由な活動によって子どもが満足感を得て、自立に向かうという問題は教育におけるコンピテンス理論に通ずるものです。コンピテンスとは、やればできるのだという成功への期待感や自信と深くかかわった能力のことであり、子どもの自信や意欲に裏付けられた生活のあらゆる場面において有効に機能しうる動的な能力のことです。そして、それは生きた知識と技能であり、人格化した能力だと言えます（『乳幼児の生活指導』）。コンピテンス概念には広い内容領域が含まれていますが、基本的には、コンピテンスとは人間が現実に生きていくための能力のことです。この能力獲得が教育の主要課題であることから言えば、モンテッソーリもこの点に注目していたと言えます。

さて、人間は現実に生きていくための能力を獲得することによって自立に向かいます。そのためには、幼児期の段階から満足感が得られるような自由な活動を確保することが大切です。

その四は、子どもは活動によって、さまざまな発見をするということです。子どもにとって活動が大切なのは、身体的発達が促されるということにとどまらず、新しい発見をするところにあります。しかし、発見をするためには、活動のなかで疑問や驚きを体験することが大きな要因となります。言い換えれば、疑問や驚きのないところには発見はありません。ですから、保育においては、疑問をもったり、驚きを体験して、新しい発見ができる教材や活動を準備することが重要な仕事となります。

子どもは新しい発見をすることによって、次の新しい段階へ進むのです。もし、活動のなかに何も発見しうるものがないならば、子どもはいつまでも同じ地平に留まります。しかし、教育は子どもの絶えざる進歩をめざすものですから、子どもの活動に発見がありうるように準備することが要請されるのです。

モンテッソーリが重視した子どもの自由な活動には、前述のような四つの特質がありますが、それらは活動のなかで分離しがたく統一的に体験されます。そして、この統一的体験が子どもの人間形成にとって重要なのです。というのも、こうした体験をすることによって、子どもは全体的に発達した人間になりうるからです。教育目的の一つは、全体的人間を育成することにありますが、モンテッソーリ教育においても、この理念が生きています。「発達は、生命の全面的な展開を追求すべきものなのです」（『平和と教育』）という彼女の言葉から、それがわかります。

ところで、全体的人間育成の理念は、一人一人の人間が十全に発達して生きるところに価値を見出そうとするものです。しかしながら、人間はみなまったく同じ人間たりえず、それぞれが自分の天分をもって生まれています。したがって、全体的人間の育成は、各人がもっている天分を十分に生かして生きることができるように助けることです。また、各人が自己の天分を十分に生かして生きるところに、他者と代わることのできない人間としての独自性があるのです。この他者と代わりえない独自性を人格といってもよいのですが、こうした人格が形成されるところに個の確立もあるのです。モンテッソーリの教育理念には、このようなことが考えられていたのです。

三　個と人間の社会性

モンテッソーリ教育には、個の確立が考えられていたことについては前述しました。ところで、「個」とは、もうこれ以上分割できない分子という意味をもっていますが、それはある一つの最小単位であることを示してもいます。このことを人間に即して考えれば、一人一人の人間は人間存在の最小単位であり、かつその一人一人は何かに分割することのできない独自な存在としてあるのです。この考え方は、自然人は自分のためにのみ存在するのであって、彼は数の単位であり、絶対的な整数であるとするルソーの思想を想起させます。単位としての人間は、他の誰とも代替しえない存在としてあるのです。ここに、個としての人間の独自性と尊厳性があるのです。

しかし、人間は元来孤立しては生きられない存在です。すなわち、いかに人間は個的存在であると言っても、ただ一人で「個」として生きることはできません。むしろ、人間は他者と共に生きようとするものです。このことから、人間は個的存在でありながら、社会的存在でもあると言うべきでしょう。そこで次に、人間が社会的存在であることを考えてみたいと思います。

すでに前節において、個の確立した人間の独自性を人格と理解することができると述べましたが、この人格という言葉には人間が社会的存在であることが示されています。

人格とはパーソナリティの訳語ですが、このパーソナリティはラテン語のペルソナに由来するもので、ペルソナには仮面、役割、性格、人といった意味があります。しかも、ペルソナがもっているこうした意味は、互いに関連し合っています。すなわち、人間はいろいろな人とかかわり合って生きていますが、その人は互いに仮面をつけてかかわっているのです。たとえば、AさんがBさんとかかわっているときにはBさんに向けての仮面をつけ、Cさんとかかわっているときにはcさんに向けての仮面をつけているのです。しかもこのとき、Aさんは、BさんにはBさんに対する役割を演じ、CさんにはCさんに対する役割を演じているのです。また、仮面はその人の性格を表すものでもあります。たとえば、能面はその人の性格を表しています。このように人間が仮面をつけているのは、いろいろな人とつながりかかわっていることを示しています。ペルソナは人と訳されますが、そこには孤立した「個」としての人ではなく、互いにつながり合った人のことが意味されているのです。

前述のことから、人間は社会的存在である、と言ってよいでしょう。では、「社会的」とはどのような意味なのでしょうか。ここでは、「社会的」という言葉から考えてみましょう。

さて、「社会的」という言葉は、ソーシャルの訳語ですが、このソーシャルはラテン語のソシウスに由来します。そして、このソシウスは、別々の人間が同じ道ゆきをする仲間としてあることを意味しています。すなわち、人間は互いに個でありながら、互いに人間としての生きる道ゆきを同じように歩む仲間としてあることを示しているのです。このように、人間は個でありながら、他の人間と共に生きる社会的存在なのです。アリストテレスは、その著『政治学』において、「人間は本性上ポリス的動物である」と述べていますが、彼のこの言葉は、人間は本性的に他の人間と共同してでなければ生きられない社会的存在であることを説いているのです。

自然人の教育をめざし、人びとから離れたところで一人の子どもエミールの教育を説いたルソーも、エミールがやがて社会の一員として生きなければならないとして、次のように言っています。

エミールは、いつまでも孤独のままでいるようにはつくられてはいない。社会の一員としてさまざまの義務を果たさなければならない。人びとと一緒に生活するようにつくられているので、彼は人びとを知らねばならない。（『エミール』）

ルソーのこの言葉から、彼もやはり人間は社会的存在であると考えていたことがわかります。

現代の思想家マルチン・ブーバーも、「われは、われだけでは存在しえない」（『孤独と愛』）と述べて、人間は一人では存在しえず、むしろ他の人間と接することによって人間となる、と言います。そのことを「ひとはなんじに接してわれとなる」（前掲書）と表明しています。ここにいう「われ」とは、この世界で独自な存在でありながら、その独自性は他者（「なんじ」）との関係においてのみあらわとなる実存的存在であることを示しています。このことは、独自な存在である「われ」は、他者との関係においてのみ人間となりうることを意味しているのです。

これと同じような立場から、モンテッソーリ教育の研究者オスワルトも、「人間は人間によって生きる」（『モンテッソーリ教育における児童観』）と言い、「人間の個人は社会生活なしには成長することができない」（前掲書）とも述べています。こうして、人間は他の人間と生きることによって、いっそう成長するのです。ここに、人間は社会的存在であるという根拠があるのです。

ところで、モンテッソーリも、人間は社会的存在であると捉えて、「子どもは成長するにつれて、単に一人の人間になるのではなく、民族の一員になるのである」（『モンテッソーリ教育学の根本思想』）と言っています。彼女のこの言葉は、子どもが社会的人間になっていくのを広い立場からみているものですが、子どもが社会的人間へと成長していくのは、彼らの具体的生活において他の人間と連帯していくことによってなのです。だから、モンテッソーリは、こうした生活を子ども時代から体験させることが必要であるとして、次のように述べています。

仲間に対して社会的感情が芽ばえ、連帯社会が発展した生活こそ、実際の自然な生活であり、これが多くの子どもたちの生活でなくてはいけません。（前掲書）

モンテッソーリが子どもに社会的生活を体験させようとしたのは、単にこの体験をさせることで子どもの将来への準備につながると考えるのではなくて、子どもは本来的に仲間と一緒に活動したいという欲求をもっていると考えるからです。仲間と一緒に活動することによって、子どもは次のような点を身につけていくのです。

その一は、子どもは仲間と活動するなかで、「待つ」態度を身につけるということです。モンテッソーリは、子どもの活動のなかで、子どもがある活動をしたいと思ったときに、他の子どもが同じ活動をしていると、それが終わるまで待つようになることを発見しました。このことから、彼女は、「待つ」ことは社会性の重要な一つと考え、これを子どもが生活のなかで身につけていくことが大切である、と言っています（前掲書）。

その二は、「待つ」ことは意志力の訓練になるということです。人間は自己の衝動や欲求のままに行動していたのでは、とうてい十分な社会生活を営むことはできません。むしろ、「待つ」ことができてこそ、互いの社会生活が円滑に営めるのだと言っていいでしょう。しかし、「待つ」態度は、そう容易に身につくものではありません。それは人間の意志の弱さによるものですし、幼児においては「待つ」ことの意味がよくわからないことにあります。しかし、そのいずれにしても、「待つ」体験を繰り返し積むことによって意志力が強められていくのです。そのことをモンテッソーリは、「意志力は訓練によって成果がある」（前掲書）と言っています。

子どもは仲間と活動したがっていることについて前述しましたが、モンテッソーリは異年齢混合の仲間で活動させせました。というのは、こうすることで子どもは互いに助け合い、学び合うからです。特に、この助け合いは社会生活成立の基底となるので、教育においては重視されるべきものなのです。とりわけ、家庭で兄弟姉妹が少なくなっている今日の状況からして、異年齢混合のクラス編成は導入されてよいと思います。

以上述べてきたところから、モンテッソーリ教育においては社会的人間の育成がめざされていたことがわかります。しかも、それは個の確立の教育と表裏一体の関係で捉えられていたのです。

四　個の確立した人間と社会的人間の関係

モンテッソーリ教育においては、個の確立の教育と社会的人間の育成が表裏一体の関係で考えられていますが、そのことを以下において考察しましょう。

さて、人間は社会生活を離れては生きられません。そして、人間が社会のなかで他の人びとと共に生きるためには、まず自分の個が確立していなければなりません。言い換えれば、人間が社会的に生きるためには、まずもって自らを律しうる個の確立があって初めて、社会的に生きることができるのです。この意味で、まず個の確立が望まれているのです。

では、個の確立した人間とはいかなる人間でしょうか。それはまず自ら生きようとする人であり、自主的態度をもっている人間のことです。このような生き方ができるために、モンテッソーリは子どもには自由な活動ができるようにすることを強調したのです。この自由な活動のなかで自立的になりえた人間は、自由の大切さを知っている人であり、したがってまた、他者の自由を侵してはならないことをも知っている人です。他者の自由を侵さないこと、これこそは人間が社会的に生きるための基本です。こうして、自立的に生きることのできる個の確立した人間にして初めて、社会的人間たりうると言えるのです。

また、個の確立した人間は、個性的であり、豊かな心をもっています。モンテッソーリは、子どもが自由な活動のなかで興味のある活動に集中することによって、彼らには疲労よりはむしろ喜びの表情が見られたと報告していますが、これは魂の喜びの現れであり、子どもは活動に集中し没頭することによって自らをつくり上げていくとされますが、それは喜びの心が豊かに溢れていることを示すものです。さらに、モンテッソーリによると、子どもが自己形成をしながら、自ら豊かになっていくことを意味しているのです。

豊かな心をもった人間とは、他者への援助ができる人のことです。なぜなら、溢れるばかりの豊かなものを内にもっている人間は、自然に他者を助けようとするものだからです。そして、人間は互いに助けたり助けられたりすることによって、いっそう豊かになるのです。このことによって社会を豊かにする道が開かれるのです。

すでに述べたように、個の確立した人間は、自主的であり、豊かな心をもった人間として現れ、かつ他者を尊重し援助することのできる人間として現れます。このことは、個の確立した人間は人格が磨かれた社会的人間であることを意味しているのです。

モンテッソーリの教育主張は、人格を磨くことに視点をおいたものであった、と言うことができます。「どのような教育改革も、人間の人格に基礎をおかねばならないと私は考える」（『子どもの心』）という彼女の言葉が、それをよく物語っています。してみると、モンテッソーリが、個の確立とか、社会的人間の育成を強調する場合、そこには子どもの人格を磨く教育を基礎とすることが説かれていたと言ってよいでしょう。

人格を磨く教育の必要性が説かれるのは、人間は人格形成のできたものとして生まれてくるのではないからです。むしろ、人間は生まれてから人格形成の道を歩まねばならないのです。しかし、この道は容易な道ではありません。だからこそ、人格形成のための教育を幼児期から始めなければならないのです。モンテッソーリの教育は、この点を重視したのでした。

第8章

モンテッソーリの教師論

一　教育者の役割

教育は人にある、とよく言われます。このことは幼児教育においても言えることです。しかし、ここにいう「人」とは、いかなる人のことでしょうか。かつて、ドイツの教育哲学者シュプランガーは、論著『生まれながらの教育者』において、生来的に教育者に最適なものとして、あるいは教育者となるべく運命づけられて生まれてきた人はいないとし、すべての人が教育者になりうるものとして生まれている、と述べました。この意味で、すべての人が「生まれながらの教育者」なのです。とはいえ、すべての人が、いつでも無条件に教育者になれるとは限りません。

ギュスドルフによれば、教育の本質的役割は人格の形成にある、とされます（『何のための教師』）。してみると、人格の形成のために献身する人が教育者たりうる、と言えるでしよう。しかもまた、人格の形成は、より根源的には幼児期から始められるべきだ、と言えます。こうして、幼児のための教育者のありようが問われるのです。

このことについて、ここでは現代の幼児教育に深甚の影響を及ぼしたモンテッソーリの教育思想にみられる教師論を考察します。それは、幼児教育の教育現実において、望ましい教師のありようをモンテッソーリから学びたいがゆえです。

二　子どもに出会う教師

モンテッソーリ教育は、幼児の育ちを援助することが中心をなしています。しかしながら、幼児の育ちを援助する教師のあり方も、また重要です。というのも、幼児の人間形成に教師は深いかかわりをもつからです。ですから、モンテッソーリは「教育の仕事は、教師と環境とに分れる」(『子どもの発見』)と述べて、教師を重視しています。

モンテッソーリが教師を重視するとき、まず教師と子どもの出会いに着目します。すなわち、彼女は、教育は教師と子どもが出会うところに成立するとして、教師のあり方を考えるのです。

小冊子『子ども』において、モンテッソーリは次のような事例を紹介しています――ある子どもが、女教師の近くへ寄ってきて、あたかも秘密を漏らすかのように、（中略）彼女の耳もとにしばしばささやきました。

このような光景は、幼児教育の現場では日常的にみられるものです。幼稚園でも家庭でも、子どもは教師や母親によくささやきます。しかし、それは日常的すぎるので、人びとはこのことをあまり気にとめません。ところが、モンテッソーリは一見何気ないこの所作に目を向けて、このことが教育の鍵だ、と考えるのです。なぜなら、このときこそ、子どもは自分の心を開いて見せているからです。子どもは、誰にもまして教師や母親に心を開いてほしくてささやくのです。その心の内は、うれしいこと、楽しかったこと、心配ごと、自分の思いなど、さまざまでしょうが、子どもの心のなかで一番気にかかっていることであるにちがいありません。

子どもは心の内をささやきによって現します。このささやきは子どもの魂の開示なのです。それはまた、子どもが本当の自己を露呈していることでもあります。

教育は、この自己開示から始まります。教育は人格と人格のふれあいだと言われますが、そのふれあいは自己を開いて見せることをおいてほかにないからです。それゆえに、子どもがささやきによって自己を開いて見せるというこの一点に、モンテッソーリは教育の始まりがあるとするのです。

人格のふれあいは、出会いであることをも意味しています。それは、今、目前にいる子どもとは別の、もう一人の子どもとの出会いです。すなわち、それは子どもの内にいて、しかも今、自己を開いて見せたもう一人の本当の子どもとの出会いです。こうして、子どもは心の内を開くことによって、教師や母親と出会い、ふれあおうとしているのです。それゆえに、教育現場においては、教師の方でも心を開いて子どもと出会うように努めなければなりません。そのために、教師はいつでも子どものために心を開く用意をしていなくてはならないのです。

ところで、子どもには子どもの世界があります。それは子どもだけがもっている心の世界です。この世界は、大人の感覚の尺度では測り知ることのできない神秘ともいえる世界です。このことをモンテッソーリは、「神は大人が考えている以上に、子どもを不思議につくられた」（『教会で生活する子ども』）と言っています。とりわけ、子どもは生まれながらの無邪気さ、温順さという特性をもっています。しかし、大人はすでにこうした特性を失ってしまっているのです。それゆえに、たとえば子どもの汚れなき無邪気さに触れることによって、かえって大人が目覚まされるのです。この覚醒は大人が本当の子どもに出会っていることを意味しています。

出会いとは、本来、自分にないものに触れることによって、自己が目覚まされ、自己の根源にたちかえって、まったく新しい体験をすることです。また、そのことによって人生に一つのまったく新しい展望が開けることです。このことは人間の生が豊かな方向に変わることを意味しています。このような体験を、マルセルは「恩恵」と名づけました（『存在の神秘序説』）。前述の意味において、子どもとの出会いでは、かえって大人が目覚まされ、子どもから恩恵を受けているのだ、と言うべきでしょう。モンテッソーリが、教師は子どもを尊敬し、子どもから学ばなければならないとするのも、このような意味においてなのです。

三　子どもの自立を助ける教師

モンテッソーリは、子どもは活動する存在である、と考えています。そこで彼女は、子どもが全我を集中して活動ができるように、教具を魅力的なものにすることを提唱するのです。ですから、モンテッソーリ教育で用いられる教具は、子どものために単純で美しく丈夫に作られ、それを用いた活動内容が深まるように作られています。また、その教具は、子どもの感覚に訴えるようにも考えられています。

ところで、この教具のうちどれを選びとって活動するかは、子どもに自由に決めさせせます。これがモンテッソーリ教育の特色です。

では、なぜモンテッソーリは教具を子どもに自由に決めさせるのでしょうか。それは、子ども一人一人が違った可能性を秘めているので、一人一人が違った可能性に向かって十分に伸びなければならない、とモンテッソーリが考えるからです。また、一人一人の発達段階が違うので、それに応じる必要があるとも考えるからです。このように考えて、モンテッソーリは子どもに教具を自由に選ばせるのです。

子どもが自分の意志で自由に選びとった教具で最後まで活動をやり遂げると、彼は自立的になります。活動をやり遂げた満足感と自信が、そうさせるのです。こうして、子どもは過去の状態から脱して新しい自分の世界に入ります。これは子どもが人間として成長したことを示すものです。モンテッソーリが「人間は仕事を通して形成される」（『幼児の秘密』）と言っているのは、このことを指しています。しかも、ここにいう「形成される」とは、自立的人間へと形成されることを意味しています。したがって、モンテッソーリにおいては自由と自立は一つの連なりであり、モンテッソーリは自由のなかで子どもが自立的人間になるよう助けることをめざしていたのです。実は、この助ける仕事をするのが教師の役割なのです。

四　愛を贈る教師

子どもは繊細な心の世界をもっています。そして、その繊細な心で身辺のものを敏感に吸収しています。このことをモンテッソーリは、「子どもの最も不思議な面は、彼が見ていたとは思えないようなものを見ている本当に鋭い観察者であるということである。（中略）わたしたちが知らないのは、子どもがすばらしい観察力をもっていて、事物だけでなく、行動についても多くの像を吸収するということである」（『幼児と家庭』）と言っています。

確かに、子どもは大人の思いもよらないものを鋭く見ています。そして、見たもの、感じたもの、触れたもの、すべてを吸収するのです。この場合、大切なことは、子どもはそれらを全体として吸収するということです。このことをモンテッソーリは、「幼い子どもは、すべてを一度に吸収することによって、分割しないで全体をとらえる」（『吸収する心』）と言い、「彼は、まず世界を全体として取り込み、その後、それを分析する」（前掲書）とも言っています。したがって、子どもは、たとえば因果関係を理解してから吸収したり、また善悪を区別したり選択して吸収するのではありません。すなわち、自然、言語、態度、行動、人間関係など、いずれもそれらを子どもは全体として吸収するのです。

ここで注目しておきたいことは、この全体として吸収されたものが、子どもの人格のなかに定着し、後に残るということです。このことについてモンテッソーリは、「幼い子どもが吸収したものは、その子どもの人格の最後の部分として残る」（前掲書）と言い、「幼児期に形成されたものは、何であれ全く根絶しにすることはできない」（前掲書）と述べて、幼児期に吸収したものが人間の生涯に影響を及ぼすことを指摘しています。フェヌロンもまた、「（子どもの）頭脳がまだやわらかく、何ものもそこに書きこまれていないあいだに、刻みこまれた最初の像は、もっとも根深いものです。そのうえ、それらは年とともに頭脳が乾いてゆくにつれてかたまってゆき、かくして消えがたいものとなるのです」（『女子教育論』）と述べていますが、このフェヌロンの言葉はモンテッソーリの言う「吸収」の考え方と軌を一にするものであり、幼児期の教育の重要性を指摘したものであると言えるでしょう。

幼児は多くのことを吸収しながら人間となっていきます。しかも、その人間は精神的存在なのです。ですから、モンテッソーリは子どもの精神の涵養が大切だと考えたのです。その精神の涵養には愛が必要です。それは、人間の精神が豊かに養われるには、深く愛にかかわっているからです。人間においては、愛がなければ何も学ぶものはなく、何も育ちません。逆に、愛のある人にして初めて、子どもから多く学ぶことができるし、子どもに多くのものを贈ることができます。そのことによって、子どもは生の充実へと進むことができるのです。このことはまた、子どもが自立的になることをも意味しています。

子どもの自立を助けるために、教師には子どもに愛を贈ることが求められます。このことは、教師は成長しつつある価値の担い手としての子どもに対する愛に生きるべきだとするケルシェンシュタイナーの思想に通ずるものである、と言ってよいでしょう（『教育者の心』）。

さて、モンテッソーリによると、大人と子どもとは「同じ時に存在していて、かつ互いに影響し合っている二つの違った生の形式」（『教会で生活する子ども』）であり、「互いに助け合うことによって調和してゆかねばならない」（前掲書）のです。ここにいう助け合い調和するとは、大人と子どもが互いに愛を贈り合うことを意味しています。それは「愛がなければいかなる一致も調和もない」（『吸収する心』）からです。

人間は愛を贈り合うことによって、互いに内面において豊かとなり、互いに出会っているのです。私たちは、この出会いのなかで人間の息吹きを感じとることができるのです。それは自立的人間の息吹きであると言えます。このようなことから考えれば、まずもって教師の方から子どもに愛を贈らねばなりません。このことが教育の始まりであると言ってよいでしょう。

五　教育実践上の教師の姿勢

前述のことから、モンテッソーリは、教師が子どもから学び、子どもに愛を贈ることを強調していることがわかります。そのうえ、彼女は、教師は子どものために自分を準備する必要がある、と考えています。言い換えれば、子どもは魅力的で興味ある活動に集中するとき、本当の天性を現しますが、子どもがそのような活動を見つけ出せるように教師は自己を捧げるべきである、ということです。そのための教師のあり方として、モンテッソーリは次のような三つの段階を示しています（前掲書）。

その第一段階は、教師はまず環境を整えることに努めることです。すなわち、教師は環境をつくり出す人であり、維持者であり、管理者なのです。さらに言えば、教師は清潔な部屋、教具の整頓、楽しく明るい雰囲気づくりに努め、教師自身も奥ゆかしくて、子どもからの尊敬と信頼を得るように努めなければなりません。ここには、教師も環境の一部であるということが示されています。ですから、モンテッソーリは「教師自身が、子どもの世界の最も生き生きとした部分なのです」（前掲書）とも言っています。以上のことから、教師がまずしなければならないことは、自らを含めて環境を整えることなのです。

第二の段階は、教師は子どもを活動に誘い込む人でなければならない、ということです。言い換えれば、教師は子どもを心の底から楽しませるように努めなければなりません。そのためには、教師は教材を媒介として、子どもを活動に誘い込むように努めることが大切です。モンテッソーリによると、子どもが活動に集中するまでは、教師のどの行為も子どもへの呼びかけであるということです。

第三の段階は、子どもが何かに興味をもち、活動に集中し始めたら、子どもに干渉してはならないということです。というのは、この興味はそのときの子どもの内的欲求に適合しており、これからの新しい活動サイクルの全体を開いていくものですが、その最初のところで介入や干渉をされると、その興味はすぐに消滅し、活動が途切れてしまいやすいからです。

ところで、子どもが興味をもって活動に集中し始めたら干渉しないというのは、たとえば、ほめたり、手伝ったり、のぞき込んだりしないということも含まれます。もし、このようにすると、子どもの活動を中断させるか、こわすことになりやすいからです。そこで、子どもが活動に集中し始めると、教師はその子どもが自分の前にいないかのように振る舞うことが大切です。

しかし、子どもに干渉しないというのは、教師が何もしないということではありません。そうではなくて、教師は子どもの活動を援助する立場にあるのです。言い換えれば、教師は子どもの魂を養い、自立のために働くのです。ですから、モンテッソーリの教育思想にみられる子どもに対する教師の接し方について、リラードは「ひとりの人間の意志を、別の人間に押しつけるのではなく、それは個人の潜在能力を解放して、自己の発展に向けるための治療法にみるやり方に似ています」(『なぜ、いまモンテッソーリ教育なのか』)と評しています。したがって、教師は子どもの活動をよく見て、子どもの意志や思考が活性化するように助ける人でなければならないのです。

子どもの教育に献身している教師には、一つの喜びがあります。それは子どもらしい魂の発露を見る喜びであり、子どもの内に隠れていた気高い人間の魂の発見の喜びです。そして、この魂の発見の喜びを体験することによって、教師自らが変わり、子どもに何をすべきかがわかるのです。

教育は、価値実現のために「成長しつつある人間」、すなわち「子ども」の成長を助けることです。モンテッソーリは、この成長しつつある子どもの成長と自立を助けるのを教師の任務としました。ここには、モンテッソーリが子どもを中心とした教育を考えていることがわかりますが、他方では子どもへの畏敬という彼女の宗教的信条が基礎をなしていると言えます。

してみると、モンテッソーリの教育論、とりわけ幼児教育論、それに教師論などは、彼女の宗教観との関連で捉えられねばなりません。しかしながらここでは、この点についてはこれ以上に立ち入らないでおきます。

第9章

モンテッソーリ教育の現代的意義と課題

一　モンテッソーリ教育についての論評

一九七六年に、世界の就学前教育の動向について調査研究したユネスコの報告書があります。そこには、幼児教育にかかわっている教師が教育方法として選択することが許されている国が挙げられていて、フレーベルの教育方法を選んでいる国は一八か国、デクロリー法を選んでいる国は九か国、モンテッソーリ教育を選んでいる国は二七か国となっています（『就学前教育の世界的動向』）。

この調査によりますと、モンテッソーリ教育が他に比べて広く受け入れられ、実践されていることがわかります。そして、現在もモンテッソーリ教育は広がっていると考えられます。

しかし、幼児教育史の研究を辿ってみると、モンテッソーリ教育についてはさまざまな論評がなされています。それは、たとえば、梅根悟監修になる『世界教育史大系22　幼児教育史Ⅱ』で知ることができます。そこで、ここではこの書にあまり取り上げられていないモンテッソーリ教育に関する論評をみておきましょう。

その一は、モンテッソーリ教育における教育方法に関する論評です。モンテッソーリ教育の教育方法の基本は、一人一人の子どもの自立を助け促すことにあり、そのために子どもを自由にし、個の確立をはかるところにあります。だから、モンテッソーリ教育では集団による一斉保育を主眼としません。

これに対して、子どもたちは共同で生活し、彼らが共通の課題を解決するように仕向けられるべきだとの立場から、モンテッソーリ教育を批判的に論評したのがクループスカヤでした。

クループスカヤは、一九二四年にロシアの農村幼稚園のあり方を論じ、幼稚園の課題は「子どもたちは共同で生活し、勉強しなければならないという習慣をつけることである」（『幼児教育について』）と言っています。そのために子どもたちをグループに編成し、「たえず共通の労働の課題と組織的課題を解決するように組織されることが大切である」（前掲書）と論じています。この立場から、クループスカヤは子どもたちがいつも一緒に行動する習慣をつけさせることを主張し、「モンテッソーリ教育法は、子どもを統一させないで、分裂させる点でよくない」(前掲書)と批判しているのです。子どもたちを集団で同じ行動をするように習慣づけるところに、幼児教育の意義を見出そうとしたクループスカヤの目には、個人に重点をおいたモンテッソーリ教育は子どもの間を分裂させるものだと映ったのです。

その二は、モンテッソーリ教育における教具に対する論評です。モンテッソーリは多くの教具を考案しました。しかも、子どもの感覚に訴える教具を多く考案しました。しかし、これらの教具は、抽象的すぎて子どもの想像力を育てるものとはなりにくいという批判的論評があります。こうした論評をするのは、クループスカヤとアスムスです。

クループスカヤは、モンテッソーリの教具は抽象的にして幾何学的な形態をとっており、この教具で訓練する子どもは、形態、大きさ、色、空間概念を習得するが、子どもの想像力の発達については難点がある、としています。すなわち、モンテッソーリ教具では子どもの創造と創意を伸ばすことに難点があると言うのです(前掲書)。

アスムスもまた、モンテッソーリの教具が自己活動を促す手段として、幼児教育への端緒を発見したとして評価しながらも、その教具は想像力の豊かさを培うものではない、と評しています(『人格性への教育』)。

その三は、教具に関する論評と関連して、モンテッソーリ教育における感覚教育についての論評です。モンテッソーリは幼児期の感覚教育を重視していますが、その感覚教育は知的な面に偏っているという論評がみられます。

アスムスは、モンテッソーリの感覚訓練は子どもの感覚や知性のみを鍛えるにすぎないとして批判的な論評をしています（前掲書）。また、ウーソワは、モンテッソーリの感覚教育体系は子どもの思考を伴わない知覚を培おうとしたものであるとし、モンテッソーリの感覚教育を受けた子どもは、物の形や色相の区別などにはすぐれていたが、それを生活課題（たとえば描画）にあわせて利用することはできなかったと述べています（『幼児期の感覚教育』）。そして、その理由として、「その子どもたちには、感覚的経験を利用できるようになるための一般化された定位活動が不足していたのである」（前掲書）と言っています。

前述のウーソワの言葉は、モンテッソーリ教育においては感覚が知的にのみ洗練されて、それを生活に生かすことができないという批判です。ウーソワは感覚教育について次のように言っています。「感覚的経験の組織のしかたとしては、子どもの一定の生活要求を満足させうるようにすることが、ぜひ必要である」（前掲書）。このウーソワの指摘は非常に重要な点であって、単にモンテッソーリ教育における感覚教育の批判的論評としてのみに捉えるのではなく、感覚教育を考える場合、いつも私たちが念頭においておくべき提言であると言わねばなりません。

以上に、三つの視点からモンテッソーリ教育についての論評を紹介してきました。モンテッソーリ教育については、これらのほかにモンテッソーリ教育には音楽や美術の領域が希薄だとの意見も聞かれます。モンテッソーリ教育には多くの問題提起がなされていますが、こうした問題点は現今の幼児教育実践を踏まえながら解明していく努力をするほかないのです。

二　モンテッソーリ教育の意義と課題

前節で述べてきたようにモンテッソーリ教育はさまざまな角度から論評されていますが、実践的な広がりを示しています。では、なぜ広がっているのでしょうか。

その一は、モンテッソーリの教育理論が幼児の学習の問題とかかわっているからです。近時、幼児にも人間としての教育を受ける機会を保障すべきだという認識が一般化してきました。そして、幼児教育は単に子どもを遊ばせておくのではなく、彼らが学習できるようにすることをめざす傾向にあります。特に、文化と子どものかかわりに注目して幼児教育を考える傾向が強くなってきています。

その傾向の顕著なのが、アメリカのヘッド・スタート計画です。アメリカにおいては、いかにして幼児の学習を可能にさせるか、あるいは文化に恵まれない幼児にいかにして学習を確保するかが研究されてきました。その研究者の一人であるハントは、「モンテッソーリの方法が最もすぐれている点は、それぞれの子どもに自分の興味や発達段階に合った環境を見つけ出させるようにしていることである。このことから、学習を楽しくするという当然の結果が生まれてくる」（『乳幼児教育の新しい役割』）と述べて、モンテッソーリ教育を高く評価しています。これは、モンテッソーリが文化的環境を整えることによって幼児の学習を可能にすると主張している点に注目して、賛意を表したものです。

以上に取り上げてきたモンテッソーリ教育における幼児の学習の問題は、子どもの興味や発達にかかわるというだけでなく、子どもを取り巻く文化や環境とかかわるものです。今日、私たちは幼児教育においていかなる保育内容を、どのように子どもに提供するのかという問題に直面していますが、この問題解明にモンテッソーリ教育における学習から学ぶことは意義あることだと思います。この意味では、モンテッソーリ教育における学習の問題は別途に研究する必要があります。

その二は、モンテッソーリが幼児教育における教師のあり方に、決定的な方向転換を求めたことです。従来の教育においては、教師中心の教育でしたが、モンテッソーリ教育においては、教師は子どもに仕える人、援助する人と考えられています。この根本思想に立って、モンテッソーリは「教育問題全般を解決するためには、子どもに対してではなく、まず教育を行うおとなに対しての教育から始めなければならない」(『この子をどう育てるか』)と考えて教員養成を行ったのです。

この教員養成の運動は、伝統的な教師観を打破し、多くの教師に教育精神の転換をもたらしました。すなわち、教師の内的覚醒をもたらしたのです。この結果、モンテッソーリ教育を学んだ教師たちは、教育とはいったい何か、を問いつつ、教育実践に取り組むようになったのです。モンテッソーリ教育が世界的に広がりつつある原因の一つは、ここにあると私は考えます。

急激に変化していく現代社会における教員養成のあり方は重要課題であって、モンテッソーリの教員養成の取り組みから学ぶことは多いと思います。

その三は、モンテッソーリ教育のめざすところは、何よりも一人一人の子どもを生かすことを追求していることです。モンテッソーリは、子どもはみな創造力に満ち、成長への芽をもっている人間である、という理念を貫いた思想家でした。たとえ、逸脱した成長を示している子どもでも、その子どもの内面をよく観察することによって援助するならば、子どもは豊かな人間となりうる、とモンテッソーリは確信していたのです。このことについて、オスワルトは適切にもモンテッソーリを次のように評しています。

（モンテッソーリは）今日この世界の子どもたち一人ひとりが、たえずひらめかしている創造力の驚異を指摘しようとした人であり、また子どもたちがその自発的な発育衝動の総力をもって、その時代の、そして永遠の救済のためにいかに大人の助力を頼みにしているか、しかも同時に、彼がふまえている世界の実態によりかかっているかを明らかにしようとした人である。

（『モンテッソーリ教育における児童観』）

こうしたモンテッソーリの人とその教育精神に触れることによって、私たちはいつも再び教育について開眼させられ、教育実践へと鼓舞されるのです。

以上において、モンテッソーリ教育が受け入れられ広がっていった理由と考えられる点を挙げ、さらにモンテッソーリ教育の現代的意義をも考えてきました。しかし、モンテッソーリ教育には、前述したような批判的論評にみられる問題を克服すべき課題があります。他方において、モンテッソーリ教育におけるコスミックス教育や平和教育についての研究がなされていないことから、今後これらの研究が必要です。変動する現代社会にあって未来を担って生きる子どもの教育を考えるとき、これらの研究は是非必要なのです。

参考文献一覧

本書で引用および参照した文献は、次のとおりです。本文中では、文献の書名のみを記しました。なお、外国文献については、この一覧の括弧内に示した書名を記しています。また、いずれの場合も引用箇所のページは省略しました。

ア・ウーソワ、エス・サクリナ　坂本市郎訳『幼児期の感覚教育』新読書社　一九七六年
東江康治ほか編『乳幼児の生活指導』北大路書房　一九七九年
アリストテレス　山本光雄訳『政治学』岩波文庫　一九七五年
アンドレー・ゴッレーシオ、オネガー・フレスコ　武田正實訳『この子をどう育てるか―モンテッソーリ教育の実践―』エンデルレ書店　一九七四年
梅根悟監修『世界教育史大系22　幼児教育史Ⅱ』講談社　一九七五年
エデュアルト・シュプランガー　岩間浩訳『小学校の固有精神』槇書房　一九八一年
エドウィン・M・スタンディング　佐藤幸江訳『モンテッソーリの発見』エンデルレ書店　一九七五年
大場牧夫ほか『これからの保育4　「生活」とは何だろう』フレーベル館　一九八一年
クループスカヤ　園部四郎訳『幼児教育について』新読書社　一九七五年
厚生省児童家庭局『保育所保育指針』一九九〇年・一九九九年

灰谷健次郎『優しさとしての教育』新潮文庫　一九九三年
フェヌロン　志村鏡一郎訳『女子教育論』明治図書　一九八二年
マックヴィガー・ハント　宮原英種・宮原和子共訳『乳幼児教育の新しい役割―その心理学的基盤と社会的意味―』新曜社　一九七九年
マリア・モンテッソーリ　鼓常良訳『幼児の秘密』国土社　一九六八年
マリア・モンテッソーリ　鷹觜達衛訳『幼児と家庭』エンデルレ書店　一九七一年
マリア・モンテッソーリ　鼓常良訳『子どもの心』国土社　一九七三年
マリア・モンテッソーリ　鼓常良訳『子どもの発見』国土社　一九七三年
マリア・モンテッソーリ　武田正實訳『創造する子供』エンデルレ書店　一九七四年
マリア・モンテッソーリ　小笠原道雄・高祖敏明訳『平和と教育・平和を実践するための教育の意義』エンデルレ書店　一九七五年
マルチン・ブーバー　野口啓祐訳『孤独と愛―我と汝の問題』創文社　一九七五年
ミヒャエル・エンデ　大島かおり訳『モモ』岩波書店　一九八九年
文部省『幼稚園教育要領』一九八九年・一九九八年
山下俊郎ほか監修『幼児教育学全集8　幼児と現代社会』小学館　一九七五年
吉岡たすく『幼児教育　吉岡たすく著作選集第四巻』雷鳥社　一九七九年
ロバート・フルガム　池央耿訳『人生に必要な知恵はすべて幼稚園の砂場で学んだ』河出書房新社　一九九〇年
ワルター・アスムス　玉川大学教育学科編『人格性への教育』玉川大学出版部　一九七九年
ガストン・ミアラレ　山口真訳『就学前教育の世界的動向―ユネスコ調査―』同文書院　一九七八

年
ガブリエル・マルセル　峰島旭雄訳『存在の神秘序説』理想社　一九七二年
ゲオルク・ケルシェンシュタイナー　玉井成光訳『教育者の心—その本質の構造—』協同出版　一九七四年
ゴーリキィ　中村白葉訳『どん底』岩波文庫　一九八九年
ジャン・ジャック・ルソー　永杉喜輔ほか訳『エミール』玉川大学出版部　一九六五年
ジョルジュ・ギュスドルフ　小倉志祥・高橋勝訳『何のための教師—教育学の教育学のために—』みすず書房　一九九〇年
パウル・オスワルト　保田史郎訳『モンテッソーリ教育における児童観』理想社　一九七一年
パウル・オスワルト、シュルツ・ベネッシュ　平野智美訳『モンテッソーリ教育学の根本思想—モンテッソーリの著作と活動から—』エンデルレ書店　一九七四年
ポーラ・ポルク・リラード　いいぎりゆき訳『なぜ、いまモンテッソーリ教育なのか』エンデルレ書店　一九七九年
A. Gnana Prakasam : *What you should know about your child*, Kalakshetra Publications, 1966.（『子どもについて何を知るべきか』）
David Gettman : *Basic Montessori, Learning Activities for Under-Fives*, Christopher Helm Publishers, 1987.（『モンテッソーリの基本』）
Eduard Spranger : *Pädagogishe Perspektiven, Beiträge zu Erziehungsfragen der Gegenwart*, Quelle & Meyer, 1964.（『教育学的展望』）
Eduard Spranger : *Der geborene Erzieher*, Quelle & Meyer, 1968.（『生まれながらの教育者』）

Friedrich Fröbel : *Die Menschenerziehung*, Helmut Küpper, 1951.（『人間の教育』）
Franz Xaver Eggersdorfer : *Jugendbildung*, Kösel Verlag, 1961.（『青少年陶冶』）
Helene Helming : *Montessori-Pädagogik*, Herder, 1975.（『モンテッソーリ教育学』）
Katherine Read Baker and Xenia F. Fane : *Understanding and Guiding Young Children*, Prentice-Hall, 1975.（『幼児の理解と指導』）
Maria Montessori : *Kinder, die in der Kirche leben*, Herder, 1964.（『教会で生活する子ども』）
Maria Montessori : *The Child*, The Theosophical Publishing House, 1967.（『子ども』）
Maria Montessori : *The Absorbent Mind*, Kalakshetra Publications, 1973.（『吸収する心』）
Somuel G. Sava : *Learning through Discovery for Young Children*, McGrow-Hill Book Company, 1975.（『幼児の発見による学習』）

[著者紹介]

片 山 忠 次（かたやま　ちゅうじ）

昭和58年　兵庫教育大学教授
平成 9 年　兵庫教育大学副学長
平成13年 4 月　大阪樟蔭女子大学教授・人間科学部長
現在　兵庫教育大学名誉教授・大阪樟蔭女子大学名誉教授
文学博士，専攻　幼児教育学

主な著書
『ペスタロッチ幼児教育思想の研究』法律文化社
『かかわりの教育』（共著）福村出版
『幼児の保育指導』（編著）法律文化社
『現代幼児教育の実践理論』（編著）法律文化社
『生活保育の創造』（編著）法律文化社
『現代生活保育論』（編著）法律文化社

2000年10月30日　初版第 1 刷発行
2008年 5 月30日　初版第 4 刷発行

子どもの育ちを助ける
モンテッソーリの幼児教育思想

著　者　片 山 忠 次
発行者　秋 山　泰

発 行 所　株式会社　法律文化社
〒603-8053　京都市北区上賀茂岩ケ垣内町71
電話　075-791-7131　FAX　075-721-8400
URL:http://www.hou-bun.co.jp/

印刷：共同印刷工業㈱／製本：㈱藤沢製本
装　幀　村川玉弓
ISBN 4-589-02459-4